見るだけでレベルアップ！

こんこ先生の

「型」でつかむ板書術

著 平垣聖大　監修 樋口万太郎

学陽書房

はじめに

　みなさん、こんにちは！　平垣 聖大です。Instagram では「こんこ」という名前で板書を投稿しています。

　本書では、国語・算数・理科・社会の主要4教科を中心に板書の「型」を紹介しています。紹介している板書の写真は、すべて子どもたちと一緒に授業したときの実際のものです。板書と授業内容をリンクさせながら、より具体的に、どのように板書するとよいかをイメージしながら読み進めていくことができる仕様となっています。

　本書を手に取ってくださった先生方は、きっと、板書に対して悩みをもたれていたり、「もっとわかりやすくて見やすい板書をしたい！」「板書を変えたい！」と思われていたりするのではないかなと思います。

　私もそうでした。私の板書はぜんぜんダメダメでした。子どもたちが学級会のときに書く板書のほうがきれいでわかりやすいのではないかと思ったほどに……です。

　同僚の先生方からも、幾度となく「板書、がんばらないと……！」と言われ続けていました。そんな恥ずかしすぎる1年目の板書を第1章に載せています。ぜひ、ご覧ください。「これよりかは、自分の板書のほうが見やすいわ！」と、きっと安心すると思います（笑）。

　授業をするときに、毎回、最も悩むのが「板書」でした。その中でも、私の中で一番わからず、ピンとこず、悩んでいたのが**「わかりやすくて見やすくするために、何を板書すればいいのか」**という具体の部分です。

　キーワードの羅列のような板書になったり、教師のメモのような板書になったりと、わかりにくい板書しかできていませんでした。

「毎時間、板書計画を立てるといい」とも学びました。でも、毎日の仕事をこなすことで一生懸命で、とてもじゃないけど、全教科毎時間分、ゼロから板書を考えるなんて無理でした。「ハウツーが知りたーい！型みたいなのがないんかーい！」と何度心の中で嘆いたことか……。

そして、思うわけです。「『こういう授業内容のときは、こんな型を使って板書すればいいよ』『具体的にはこんな板書だよ』っていうのが、国語・算数・理科・社会、すべて1冊でわかる本があればいいのになぁ……」と。本書は、そんな私の思いを形にした1冊です。

たくさんの板書の写真を載せています。そして、"型"として紹介しているので、アレンジして使いやすい場面もイメージしやすいのではないかと思います。

本書は、この1冊で、主要4教科の型が網羅できるようになっています。各教科に特化した板書本はこれまでも多数出ています。私もたくさん持っていて、それらの本にヒントをたくさんもらっています。授業づくりをする上で、何度も読み返しているのが「板書本」です。その中で、毎回新しい発見や気づきがあります。本書も同じように、国語の板書で、算数の板書で、理科の板書で、社会の板書で、悩んだときに何度も何度も辞書のように、読み返していただけるような1冊になればいいなと思っています。

本書は、樋口万太郎先生が背中を押してくださりまとめることができました。樋口先生には心から感謝申し上げます。

本書が、板書に対して悩みをもたれている先生、「もっとわかりやすくて見やすい板書をしたい！」「板書を変えたい！」と思われている先生の突破口になれば幸いです。

2024年11月

平垣　聖大

監修者のことば

　本書は板書の描き方のスキルを学ぶだけの一冊ではありません。タブレット端末が教室にやってきて、数年。これまで教員があたりまえにしてきた行為である「板書」の意義が問われている現在。読者のみなさんはなんのために、板書をするのでしょうか。そういった意義についても学べる一冊になっています。

　さまざまな教室に授業参観で伺ったとき、授業終わりに板書を端末で写真を撮る子に出会うことがあります。平垣先生本人に聞いたことはありませんが、きっと平垣学級の子どもたちは写真を多く撮っていることでしょう。子どもたちは、「今後の学習で参考になる」「思い出に残しておきたい」など板書に意味を見出したとき、写真を撮るのです。平垣先生の板書は、子どもたちが意味を見出す板書なのです。

　平垣先生の板書には「子どもの事実」が描かれています。子どもが授業でたくさん発表をしても、授業者の都合の良い考えだけを板書に表現するといった板書に出会うことがあります。平垣先生の板書はそうではなく、目の前にいる子どもの事実をもとにした板書になっているのです。

　そして、平垣先生の板書には「子どもたちにまっすぐ向き合っているという先生の想い」が描かれています。今の時代、熱血教師というと時代と合わないのかもしれません。でも、AI がここまで発達してきた、デジタルの世界に生きている子どもたちだからこそ、しっかりと先生と子ども、子どもと子どもがお互いに向き合う必要があります。そういった板書になっているのです。

　このようなことを読者のみなさんに感じてもらえると幸いです。

中部大学 現代教育学部 准教授

樋口　万太郎

もくじ

1章 授業を変えたい！板書を変えたい！と思ったら

安心してください！　板書のレベルは上げられますよ！ ……… 12

板書を変えたいあなたに伝える4つのポイント
　〜まっすぐ書く・行間・筆圧・定規を使う〜 ……………… 14

作っておくと便利！　ラミネートした貼りもの ……………… 16

GIGAスクール時代"でも"板書は大事なツールの1つ ……… 18

子どもたちの「わかった！」「そういうことか！」につながる板書 … 20

「自立した学習者を育てる」ことにつながる板書 …………… 22

単元丸ごと授業づくりのススメ〜授業準備の貯金をしよう！〜　24

2章 実例を大公開！「型」が思考を助ける！国語科の板書術

これだけは押さえておきたい
　国語科授業＆板書づくりのポイント ………………………… 28

こんなときはベン図型！① 段落と段落を比べるとき ……………… 30

こんなときはベン図型！② 事例と事例を比べるとき ……………… 32

こんなときはベン図型！③ 登場人物同士を比較したいとき ……… 34

こんなときは対比型！① 納得解の話し合いをしたいとき ………… 36

こんなときは対比型！② それぞれの視点から考えるとき ………… 38

こんなときはウェビング型！① 登場人物の情報を整理したいとき … 40

こんなときはウェビング型！② 登場人物の気持ちを考えるとき …… 42

こんなときはウェビング型！③
　知っていること・わかったことを整理するとき ……………… 44

こんなときは構成型！① 全体像を理解させたいとき（説明文）…… 46

こんなときは構成型！② 「中」を予想するとき ……………………… 48

こんなときは人物相関図型！ 人物の関係性を表したいとき ……… 50

こんなときは変容型！① 心情曲線で心の動きを表したいとき …… 52

こんなときは変容型！② 前後でどう変わったかを表したいとき …… 54

こんなときはXチャート・Yチャート型！①
　それぞれの視点で整理したいとき ……………………………… 56

こんなときはXチャート・Yチャート型！② 言葉集めをしたいとき … 58

3章 基本の「型」で授業がスムーズに！算数科の板書術

これだけは押さえておきたい
算数科授業＆板書づくりのポイント ……………………………… 62

こんなときはベン図型！　2つのやり方を比較したいとき ………… 64

こんなときは対比型！　2つの問題例を比較したいとき ………… 66

こんなときはXチャート型！　4つの解き方で分類したいとき …… 68

こんなときはYチャート型！　3つの解き方で分類したいとき …… 70

こんなときはイラスト型！
問題文を具体的にイメージさせたいとき ………………………… 72

こんなときは巻き物型！　虎の巻のようにして強調したいとき …… 74

4章 「型」で子どもの理解が進む！理科の板書術

これだけは押さえておきたい
理科授業＆板書づくりのポイント ………………………………… 78

こんなときはベン図型！　2つの事柄を比較したいとき …………… 80

こんなときは対比型！
実験 A と実験 B のそれぞれの内容を整理したいとき ········ 82

こんなときは循環型！
一定の順序が繰り返されていることを気づかせたいとき ····· 84

こんなときはイラスト型！
イラストに表すことでわかりやすくしたいとき ················ 86

こんなときは X チャート・Y チャート型！
実験内容をイメージしやすくしたいとき ························ 88

5章 「型」で子どもの考えをまとめ、整理する！ 社会科の板書術

これだけは押さえておきたい
社会科授業＆板書づくりのポイント ···························· 92

こんなときはベン図型！　2つの事柄を比較したいとき ············· 94

こんなときは対比型！　納得解の話し合いをしたいとき ············· 96

こんなときは循環型！
一連の流れが繰り返されていることを表現したいとき ········ 98

こんなときはウェビング型！①
知っていること・わかったことを整理したいとき ··········· 100

こんなときはウェビング型！②
子どもたちが追究したことを板書でつなげていきたいとき ·· 102

9

こんなときはYチャート型！
1つの事柄を3つの視点で整理したいとき ・・・・・・・・・・・・・・・・・ 104

こんなときはXチャート型！
1つの事柄を4つの視点で整理したいとき ・・・・・・・・・・・・・・・・・ 106

6章 番外編！ いろいろな場面で使える板書術

4教科以外でも板書は工夫できる!! 図工・音楽・道徳でも ・・ 110

教科以外でも板書は工夫できる!! ・・・・・・・・・・・・・・・・・・・・・・・・ 112

「朝の黒板メッセージ」で何を伝えるか？ ・・・・・・・・・・・・・・・・・ 114

子どもたちを想って書く！ 朝の黒板メッセージ ・・・・・・・・・ 116

「朝の黒板メッセージ」でほめる！ ・・・・・・・・・・・・・・・・・・・・・・ 118

子どもとつくる「朝の黒板メッセージ」 ・・・・・・・・・・・・・・・・・・ 120

安心感のある教室をつくる ・・・・・・・・・・・・・・・・・・・・・・・・・・・・・ 122

1章

授業を変えたい！
板書を変えたい！
と思ったら

安心してください！板書のレベルは上げられますよ！

はずかしいけど公開します〜1年目の板書〜

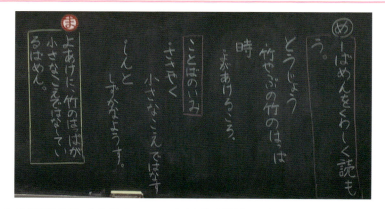

　上の写真を見てください。これは私が教師になって1年目の4月に国語の授業で書いた板書です。当時は2年生を担任していました。私にとっては、世に出すのが恥ずかしいひどい板書です。同僚の先生方からも、「板書、もっとがんばらないとね……」と何度も声をかけていただいたことを覚えています。ですが、なかなか上達できずにいました。当時の私は次の4つのことに悩んでいたからです。

　①何を板書に残せばいいのかがわからない。
　②どんな発問をすればいいのかがわからない。
　③そもそも、どのような授業をすればいいのかがわからない。
　④授業づくりや板書づくりをする時間の余裕がない。

2人の先生との出会い

　転機となったのは、教師３年目のときです。私は大阪教育大学附属池田小学校の研究会で、樋口綾香先生の「注文の多い料理店」の公開授業を参観しました。衝撃的な授業でした。まさに子どもたちと綾香先生が創っていくすばらしい授業でした。子どもたちも先生も、いきいきしていて、とても楽しそうでした。また、授業中に出てきた考えや気づきが板書され残っていく、そして、その板書がさらにまた子どもたちの思考を促す……。板書の重要性を知った授業でもありました。

　このとき、「綾香先生のような授業ができるようになりたい」と感じたことを今でもはっきり覚えています。

　そこから、「授業を変えたい」「板書を変えたい」という思いで、授業づくりや板書に関する本をたくさん買って読みあさりました。その中で、沼田拓弥先生の「立体型板書」にも出会いました。樋口綾香先生、沼田拓弥先生の授業や板書に対する考え方が、私の授業や板書が変わりはじめるきっかけとなりました。

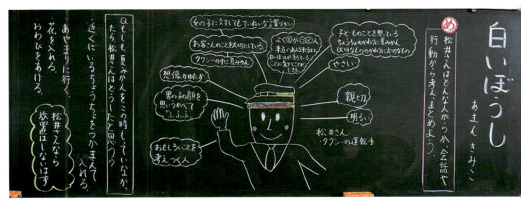

　綾香先生の授業を参観してから約５年後。教員９年目の４月の板書です。安心してください！　板書のレベルは上げられます！　**そのための最初のステップは「変えたい！」と決意すること**です。

板書を変えたいあなたに伝える4つのポイント
～まっすぐ書く・行間・筆圧・定規を使う～

🖊 丁寧に字を書くことを意識する

　右の写真は、私が1年目のときの算数の板書です。当時の子どもたちに申し訳ないですが、今見てもひどすぎる板書です。最近の初

任の先生たちの板書のほうがはるかに美しいし、整理されています。

　板書について、本気で学ぶようになってから、まず私が意識したことは、時間がかかったとしても、丁寧に字を書くことを大切にすることです。

　私が Instagram で板書を投稿するようになったのも、「みんなに見られているぞ」という緊張感をもつためでもあります。みんなに見られても恥ずかしくない字で書けるようになろうと思いました。意識して取り組むとだんだんとはやいスピードでも、丁寧に字を書くことができるようになっていきました。

🖊 板書を変えたいあなたに伝える4つのポイント

　「当たり前でしょ？」と思われる方もいらっしゃるかもしれませんが、丁寧に字を書くことを意識する以外にも、次の4つのことを意識

すると板書が変わります。

ポイント①　まっすぐ書く

　横書きも縦書きも、字をまっすぐに書くことが大事です。横書きでは下のラインを、縦書きでは右側のラインを揃えるように意識しています。

ポイント②　行間

　程よく行間が空いているからこそ、見やすくてわかりやすい板書になります。ですが、行間の空けすぎは逆に読みにくくなるので注意が必要です。

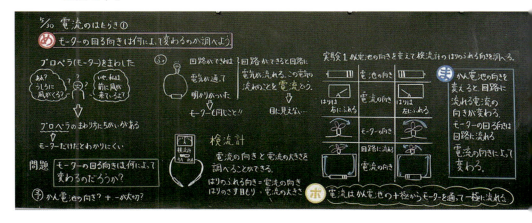

ポイント③　筆圧

　実は、この「筆圧」がけっこう重要です。筆圧の強い濃い字だと、後ろの席から見ても、はっきりと読むことができます。字を濃く書くだけでも、板書が変わったように見えます。筆圧を強くするようになってから、慣れるまでは、よく腕が筋肉痛になっていました！（笑）

ポイント④　定規を使う

　線を書くときに定規を使う、これだけでも見栄えが変わります。フリーハンドで書くとガタガタして見えてしまい、雑に感じられます。

作っておくと便利！ラミネートした貼りもの

一度作るといつでも使える

　めあての「め」、まとめの「ま」、ポイントの「ポ」など、よく使うものはラミネート加工し、貼りものとして作っておくと便利です。一度作っておくと何年も使えます。
　貼るだけなので、時間短縮にもなります。

【特によく使うラミネートした貼りもの】

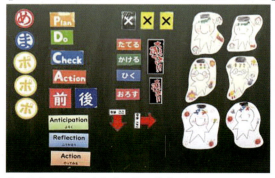

め：めあて　ま：まとめ　ポ：ポイント
前・後：変容を表したいときに使う。
Plan Do Check Action：PDCAサイクルで当てはめたいときに使う。
たてる　かける　ひく　おろす：わり算の筆算で使う。
×：ここには書かないことを示すときに使う。
ちょっと待てぃ‼：子どもたちから「あれ？　おかしいぞ」みたいな反応が出てきたときに使う。
イラスト：子どもたちの描いたイラストです。

子どもたちの描いたイラストを板書に用いる

子どもたち
が描いてきた
イラストを板
書上に用いる
こともしています。イラストを描いてきた子は、板書上に登場するたびに、うれしそうにしています。こうしたイラストは算数や理科の授業で、次のように問いかけるときによく使います。

> （例）「この前の問題と変わったところってどこかな？」「予想は？」
> 「何が、『あれ？おかしいな？』と思ったの？」

そして、その問いかけに対して、子どもたちから出てきた意見をまとめた言葉を書くときに、イラストを板書に貼り、そのイラストに吹き出しを描いて、子どもたちから出たつぶやきをその中に書きます。

【ラミネートした貼りものを用いた実際の板書】
4年生算数科「小数のかけ算やわり算」（12時目）

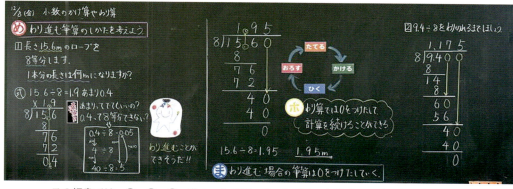

この板書では、め、ま、ポ、ちょっと待てぃ!!、たてる、かける、ひく、おろす、子どもの描いたイラストを使用しています。

第1章　授業を変えたい！　板書を変えたい！と思ったら　17

GIGAスクール時代"でも"板書は大事なツールの1つ

タブレットは手段!!

　世はまさに、GIGAスクール時代。教師も常に新しい教育観をアップデートしていくことが求められている時代です。
　タブレットが導入されたことで、今まで「あんなこといいな～♪　できたらいいな～♪」だったことが、たくさんできるようになりました。
　もちろん、私のクラスでも、子どもたちは積極的にタブレットを活用しています。ですが、教師も子どもも気をつけなくてはいけないことは、タブレットを使うことが目的とならないようにすることです。文房具の1つとして使う、あくまでもタブレットは手段なのだと子どもたちにも伝えています。

アンケートの結果から

　さて、タブレットが導入されたことで授業も大きく変わってきています。よく研修やセミナーなどでも「紙か？　タブレットか？」「アナログか？　デジタルか？」みたいな二項対立的な質問を耳にすることがあるのではないでしょうか？
　あるとき、Instagramで「GIGAスクール時代のこれからも板書は

大事？」というアンケートをとりました。すると次のような結果になりました。

結果　計565票
は　い（そう思う）……………　535票（95%）
いいえ（そうは思わない）……　30票（ 5%）

この結果からも、GIGAスクール時代の今も、やはり板書は大事であると考えている方が多いことがわかります。

ノートは思考する場

少し話が変わりますが、私がInstagramに板書を投稿すると、時々、「これを子どもたちはノートに写すのですか？」と質問されることがあります。たしかに、ノートに写している子もいますが、「ノートに写しなさい」と伝えてはいません。板書したことを写してあるかどうかを確認するためにノートを集めたこともありません。

ノートは思考する場です。それが必ずしもノートである必要もありません。タブレットに置き換わるというのも、それはそれでいいと思います。**ノートは黒板に書いてあることとそっくり同じことが書かれてあることが大事なのではなく、思考した跡が残っていることが大事なのです。**

だからこそ、私は子どもたちのノートのことは考えず、思考したことが板書で集約されるように、なおかつ、わかりやすく見やすい板書となるように工夫するようにしています。その板書を手元に残したいなら、ノートに写さなくてもタブレットで撮影すればいいのです。

これからの時代、「黒板を丸写しするノート」というのは、きっと衰退していくでしょう。ですが、板書は思考するためのツールとして、これからもやはり大切にしていくべきものの1つなのです。

第1章　授業を変えたい！　板書を変えたい！と思ったら

子どもたちの「わかった！」「そういうことか！」につながる板書

板書は思考し、気づきを得るためのもの

　私はいつも、板書は子どもたちが思考するための、気づきを得るためのものにしたいと考えています。

　キーワードが羅列された板書、子どもたちに配るワークシートを拡大したものが貼ってある板書、教科書の全文を印刷したものが貼ってある板書。そのような板書を否定するつもりはありません。ですが、それらの板書では、"思考しにくい""気づきにくい"のではないかなと思うことがあります。

　もっと言えば、板書にシンキングツールを入れておけばいい、というわけでもありません。そのような板書に仕上げることだけが"目的"になってしまうと、それは自己満足です。むしろ板書してからが大切なのです。

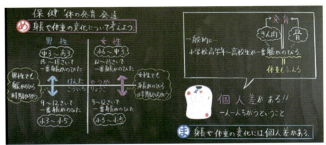

対比を視覚化することで違いに気づきやすくなる

その板書をいかに活用するか？

　私は"その板書をいかに活用するか？"という視点こそが大事なのだと考えています。私は、板書を使って子どもたちに考えさせる、気づかせるための発問、声かけを大切にしています。

　子どもたちが考えはじめたときに、**その授業の板書が考えるための、気づきを得るためのヒントになっているように仕上げること**こそ大事にすべきだと考えています。

　だからこそ、"映える"板書ではなく、子どもたちにとってわかりやすい、見やすい板書であることが大事なのです。

　板書がきっかけとなって、子どもたちの「わかった！」「そういうことか！」を引き出したいと思っています。

板書を"きっかけ"にする

　このような経験を繰り返す中で、板書が「考えるための、気づきを得るためのヒントになった」と実感すれば、子どもたちがシンキングツールを使ったり、構造化したりして自分の考えを整理することのよさに気づくはずです。

　よさに気づけば、子どもたちは必要なときにそれらを使うようになるのではなないかと思います。つまり、子どもたちの選択肢を増やすことにもつながっていくということです。ノートやタブレットを使って整理したり、表現したりするときの選択肢の幅が広がっていくのではないかと考えています。板書はそのきっかけとなるはずです。

「自立した学習者を育てる」ことにつながる板書

子どもたちから「〜〜したい!」を引き出す

　ここまで読んでいただいたみなさんはもう気づいているかもしれませんが、「板書」には子どもたちの「〜〜したい！」を引き出す力があると私は考えています。そして、板書を工夫することは、自立した学習者を育てることにつながると私は信じているのです。

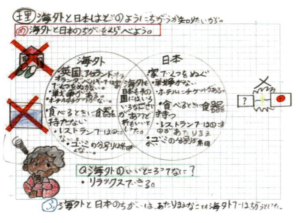
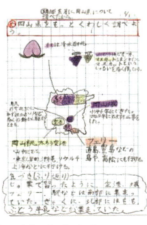

　これは、子どもたちが自主勉強でしてきたページをコピーしたものです。ベン図を使ったり、ウェビングっぽく整理したりしてあります。
　自主勉強は子どもたちが自由なテーマで取り組んでいます。もちろん、漢字や計算をしてくる子もいますが、このように、自分で問いをもって、それについて追究し、わかりやすく表現している子どもたち

も多く出てきています。自主勉強では、イラストを描きましょう、思考ツールを使いましょうなどと指示をしたことはありません。子どもたちが"そうしたい"からしていることです。

　こうしたすばらしい取り組みは学級通信で紹介してほめています。すると、似たような自主勉強をしてくる人が増え、好循環が生まれます。

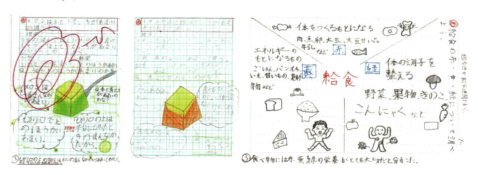

　「授業」で、問いについて考える、追究するおもしろさを知ること。そして、「板書」で、わかりやすく表現する方法を知ること。そうすることで、子どもたちは自立して学びを進めていくことが、ちょっとずつできるようになるはずです。

　私たち大人も同じです。いい実践や話を聞いたり、Instagramなどでおもしろい投稿を見たりすると、「自分もやってみたい！」とまねをしたくなるはずです。子どもたちもきっと同じなのだと思います。

　子どもたちの「〜〜したい！」のきっかけをつくっていく、子どもたちからそれを引き出していくのが、教師に求められている力なのではないかと私は考えています。

　だからこそ、1時間1時間の授業を大切にするため、教材研究と板書計画を立てることが重要になってきます。

単元丸ごと授業づくりのススメ
～授業準備の貯金をしよう！～

基本的に"もう一度"はできない

　Instagramで「どちらかといえば、自分は板書が得意？　苦手？」というアンケートをとりました。すると次のような結果になりました。

結果　計797票
得意（あまり板書で困ったことはない）… 62票（8%）
苦手（板書で悩むことがよくある）………735票（92%）

　多い日では、1日に6時間分の板書を書くという日もあるのではないかと思います。交換授業や教科担任制が導入されはじめていることから、以前よりは軽減しているのではないかと思いますが、特に小学校では教える教科数も多く、毎時間、授業内容や板書を考えるのはとても大変です。

　ですが、目の前の子どもたちにとって、その授業は"一度きり"。どんなにうまくいかなかった授業も、準備不足だった授業も、基本的に"もう一度"はできません。

　しかしながら、私の1～4年目はというと、日々たくさんの業務や締め切りに追われ、どうしても授業準備は後回しになりがちでした。「授業はぶっつけ本番！」「その場しのぎ！」ということも多くありました。板書もその場で考えるということが多くあり、悩みながら授業

を進めているので当然、隙が生まれたり、本来押さえるべきことが押さえきれなかったりという事態が起こりました。本当に、当時の子どもたちに申し訳ないなという気持ちになってきます。

授業準備の貯金をしよう!!

では、5年目以降、何が変わったか……。それは、授業準備の貯金をするようになったということです。いろいろな考え方があると思いますが、私は今、土日やGW、夏休み、冬休みなどの長期休みのときに、単元丸ごとの授業づくりをするようにしています。

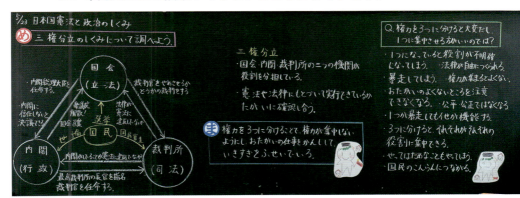

たとえば、6年生社会科「日本国憲法と政治のしくみ」は13時間でする単元です。単元丸ごとの授業づくり（上の写真のような授業内容や板書計画を準備する）をしておけば、13時間分は安心して授業することができるということです。13時間分というと、1週間に2回ずつ社会科の授業があるとすれば、約6週間分の授業準備ができていることになります。なにか得した気分になるのは私だけでしょうか？

準備してある授業だと、子どもたちからどのような反応がありそうか、ある程度予想することもできるため、落ち着いて授業を進めていくことにつながります。授業準備をしっかりした分だけ、子どもたちとする授業も楽しくなり、授業の質も上がるはずです。

2章

実例を大公開！
「型」が思考を助ける！
国語科の板書術

これだけは押さえておきたい国語科授業＆板書づくりのポイント

🖋 国語科で押さえるべき3つのポイント！

①単元で押さえる内容を確認する。
②単元のゴールを考える。
③ゴールまでの過程を考える（主な活動内容、主な発問など）。

　国語科の授業をつくるときには、単元丸ごとで考えることを特に大事にしています。そうすることで、前時と次時のつながりが見えてきて、子どもの思考の流れや子どもたちの問いに合わせた授業展開ができます。

　まず、朱書きの教科書（教師用教科書）を使って、その単元で押さえる内容（指導目標）を確認します。それを意識した単元のゴールを設定します。

　そして、子どもの思考の流れをイメージしながら、どのような過程でそのゴールに向かっていくかを考えます。

　「読む」単元であれば、どのような活動をするか、どのような発問をするか（どの問いを扱うか）を考えます。「書く」や「話す・聞く」では、発問を考える前に、子どもたちが活動を進めていく時間とポイントを押さえる時間の比率を決めます。

　忙しいときは、最低限ここまでできていれば大丈夫です！
　もう1歩進みたい人は、ゴールまでの過程が決まったら、そこから

活動内容に合わせた板書を考えていくようにします。**ここまでできたらもう安心です！**

実際の板書でイメージする!!　授業&板書づくりのポイント

（例）6年生国語科「星空を届けたい」（4時目）

- 指導目標　「星空を届けたい」を読んで、自分の考えをまとめ、感想を友達と交流できる。
- 活動内容　「初めて知ったこと」「すごいと思ったこと」「もっと調べたいと思ったこと」「自分の生活にいかしたいと思ったこと」という4つの視点で友達と感想を交流する。
- 主な発問　このお話はどのくらいおすすめかな？

　上の板書は、板書計画の段階では、Xチャートの枠と4つの視点、ポイント、発問だけしか書いてありませんでした。板書計画と言えるかどうかもあやしいところです（笑）。授業づくりにかけた時間もとても短いです（10分弱）。

　授業は子どもたちと一緒につくっていくものです。板書計画があると安心しますし、私も板書計画をつくっておくことをおすすめはします。ですが、時間がないときなどは、3つのポイントを押さえながら、子どもたちから出てくる言葉を使って、その場で板書を考えることもあっていいと思います。

こんなときはベン図型！①
段落と段落を比べるとき

比べることで違いに気づかせる

　ベン図型の板書は、説明文の段落と段落を比べたいときに使うと効果的です。筆者の書き方の工夫に気づいたり、共通点を見つけたりしやすくなります。物語文の場面と場面を比べるときにも効果的です。

実例1　4年生国語科「未来につなぐ工芸品」（3時目）

活動内容　筆者の考えに対しての理由が書かれてある3段落と4段落を比較することで、筆者の自分の考えに対する理由、その根拠になる事例をベン図でまとめることで、その考えに説得力をもたせようとしていることに気づかせる。

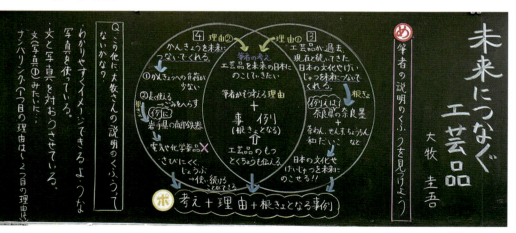

主な発問　・3・4段落の書き方でどんなところが似ているかな？
　　　　　　・このほかに、大牧さんの説明の工夫ってないかな？

実例2　4年生国語科「思いやりのデザイン」（2時目）

活動内容　筆者が3・4段落で紹介している2つのインフォグラフィックスの例に対してのプラス面とマイナス面をベン図で整理して書き、筆者の主張をとらえさせる。

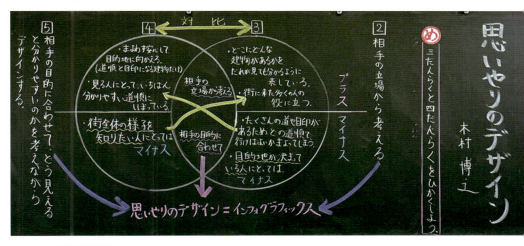

主な発問　・それぞれのインフォグラフィックスのプラス面とマイナス面は何かな？

➡ 書き方の工夫を見つけまねしていく

　説明文を読むときには、本文の内容理解ばかりに重点を置くのではなく、筆者の書き方の工夫を見つけることが大切です。自分が説明する文を書くときや話をするときに、それをまねしていくことで、相手にわかりやすく伝えることができるようになっていくはずです。

第2章　実例を大公開！　「型」が思考を助ける！　国語科の板書術

こんなときはベン図型！②
事例と事例を比べるとき

それぞれの事例の特徴・工夫に気づかせる

　ベン図型の板書は、事例と事例の比較に使うのも効果的です。どっちの事例がよいか・悪いかではなくて、それぞれのよさがあり、それがその事例の特徴・工夫であることを明確にすることができます。

実例1　**4年生国語科「もしものときにそなえよう」（3時目）**

活動内容　2つの文章を読み比べ、ベン図でそれぞれの書き方の工夫を整理する。そして、自分が文章を書くときにまねしたいのはどちらかを選び、具体的にどんなところをまねしたいのか自分の考えをもつ。

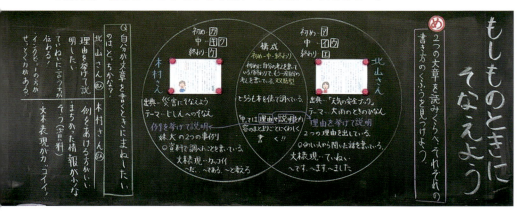

主な発問
・それぞれの文章の書き方の工夫って何かな？
・自分が文章を書くときにまねしたいのはどちらかな？

実例2　3年生国語科「ポスターを読もう」（2時目）

活動内容 同じ内容について書かれた2種類のポスターをベン図で比較して、それぞれの特徴をつかむ。そして、それぞれのポスターによさがあることに気づかせる。

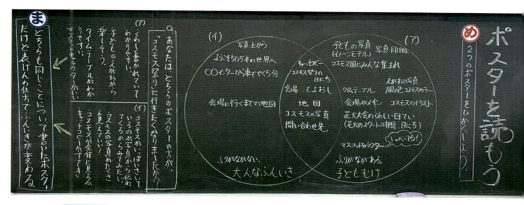

主な発問 ・あなたは、どちらのポスターのほうが「コスモス祭り」に行きたくなりましたか？

➡ インプットとアウトプットを意識させる

　「書く」領域において、子どもたちが文章を書く前に、書き方の工夫を見つける活動を取り入れることがあると思います。
　書き方の工夫を見つけるだけで終わるのではなく、**「具体的にどの工夫をまねしてみたいか」まで考えさせることが重要**です。インプットしたことをアウトプットすることを意識させるためです。まねをすることは悪いことではありません。いいと思った書き方はどんどん取り入れていくことができる子どもたちを育てていきたいです。

こんなときはベン図型！③
登場人物同士を比較したいとき

登場人物の設定の違いを明確にする

　ベン図型の板書は、登場人物同士を比較したいときにも効果的です。物語文では、対比的な性格、考え方などになっている関係性の登場人物が出てくることがあります。

　そのような物語文では、ベン図型で整理することが多いです。

実例1　**4年生国語科「友情のかべ新聞」（2時目）**

活動内容　子どもたちが混乱せずに内容を理解していくことができるようにするため、本文から「西君」と「東君」の好きなものを見つけ、ベン図で整理する。

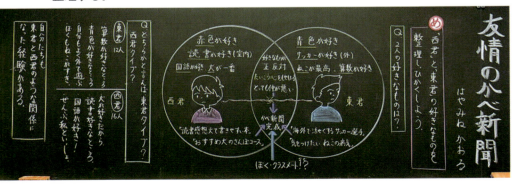

主な発問　・「西君」と「東君」がそれぞれ好きなものは何かな？
　　　　　・どちらかと言えば、東君タイプ？　西君タイプ？

実例2　6年生国語科「帰り道」（3時目）

活動内容　律の視点から書かれた「1」と周也の視点から書かれた「2」の両方の本文から、2人の特徴や性格を読み取り、ベン図で比較する。そして、語られる視点が違うと、登場人物の見え方が変わってくるということに気づかせる。

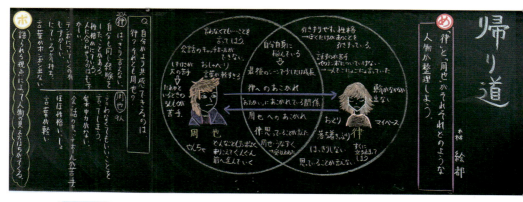

主な発問　・自分がより共感できるのは、律かな？　それとも周也かな？

➡ 応用できるほかの教材

「友情のかべ新聞」や「帰り道」のほかにも、対比的な性格の登場人物が出てきたり、対比的な考え方が描かれていたりする物語があります。ぜひ応用してみてください！！
　・2年生国語科「お手紙」（がまくんとかえるくん）
　・2年生国語科「スーホの白い馬」（スーホと殿様の白馬への思い）
　・3年生国語科「モチモチの木」（医者様とじさまの考え方）
　・5年生国語科「銀色の裏地」（理緒と高橋さん）　　　　　　　など

こんなときは対比型！①
納得解の話し合いをしたいとき

納得解を生み出す

　対比型の板書は、二項対立型の問いについて考えたり、納得解を生み出すための話し合いをしたりするときに使います。その時間に子どもたちから出た意見は、とにかくたくさん板書していくことで、最終的な自分の考えをまとめるときに板書がヒントとなるようにしています。

実例1　**4年生国語科「ごんぎつね」（12時目）**

活動内容　「ごんは最後、幸せか？　不幸せか？」という問いについて、自分なりの答えをもち、納得解の話し合いをする。それぞれの立場の子どもたちから出た意見を板書していく。

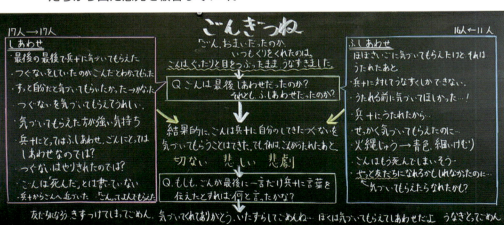

主な発問
・ごんは最後、幸せだったのか？　不幸せだったのか？
・もしも、ごんが最後に一言だけ兵十に言葉を伝えたとすれば何と言ったかな？

実例2　4年生国語科「世界一美しいぼくの村」（4時目）

活動内容　最後の3行について考える。「戦争で破壊されたものと破壊されなかったもの」について子どもたちから出た意見を板書で整理していく。

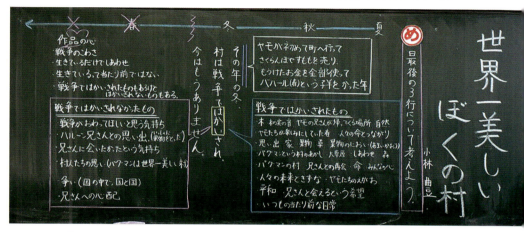

主な発問・戦争で破壊されたものと破壊されなかったものは何か？

➡ 自由対話のススメ

　二項対立になる問いをしたときにはいつも、**全体に共有する前に、必ず自由対話の時間を**とります。自分と同じ立場の人、違う立場の人と話し合い、子どもたちが考えを広げることができるようにしたいと思っているからです。

　そうすることで、全員が自分の考えを友達に伝えることができるようにしています。

第 2 章　実例を大公開！　「型」が思考を助ける！　国語科の板書術　37

こんなときは対比型！②
それぞれの視点から考えるとき

多面的に1つのテーマについて考える

　対比型の板書は、登場人物それぞれの視点から考えさせたいときにも使います。前項の二項対立型の問いについて考えるときとも関連しています。

実例1　4年生国語科「世界一美しいぼくの村」（3時目）

活動内容　町とパグマンの村、それぞれにあるものを板書で対比して整理する。そして、ヤモがなぜパグマンを「世界一美しいぼくの村」と言ったのかを考える。

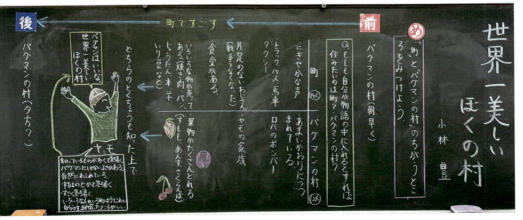

主な発問・もしも自分が物語の中に入れるとすれば、住みたいのは町？　パグマンの村？　どちらかな？

実例2 **3年生国語科「サーカスのライオン」（4時目）**

活動内容 じんざ、男の子、おじさんの視点で最後の場面を読み、それぞれのプラス面・マイナス面を板書で対比して整理する。そして、「じんざがいなくても、火の輪を5つ用意し、おじさんが1人でむちをならした理由」について考える。

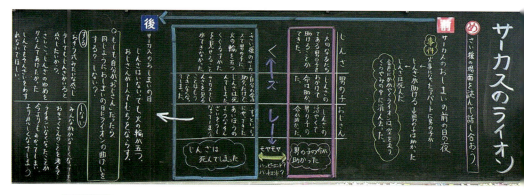

主な発問・もしも自分が「おじさん」だったら、同じように、おしまいの日にライオンの曲芸をする？ しない？

➡ 物語を自分事として読ませる

「もしも自分が物語の中に入れるとしたら」「もしも自分が物語の中の登場人物の〜〜なら」と子どもたちに物語を自分事として読ませることも大切だと考えています。
「もしも自分だったらどうか？」と考えて、自由対話する中で、「実際同じ行動をしている登場人物は〜〜という気持ちなのではないか？」「実際違う行動をしている登場人物は〜〜を考えているのではないか？」と気づくことができるようにしたいなと考えています。

こんなときはウェビング型！①
登場人物の情報を整理したいとき

登場人物の情報を集約する

　ウェビング型の板書は、登場人物の情報を整理したいときに使います。本文には、登場人物に関する情報がたくさん散りばめられています。それを子どもたちが自分たちの力で見つけ、整理していくことができるように力をつけたいなと考えています。

実例1　5年生国語科「銀色の裏地」（3時目）

活動内容　高橋さんについてわかる情報を教科書から見つける時間を確保し、その後、友達と共有する。その後、完成した板書をヒントにしながら、理緒の中で高橋さんの印象はどのように変化したかを考えさせる。

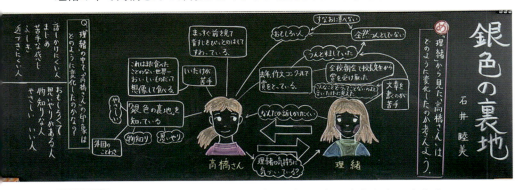

主な発問　・理緒の中で高橋さんの印象はどのように変化したのかな？

実例2　4年生国語科「スワンレイクのほとりで」（2時目）

活動内容　「歌」と「グレン」についてわかる情報を教科書から見つける時間をとる。そして、友達と共有する。その後、子どもたちが見つけた情報を板書上で整理していく。

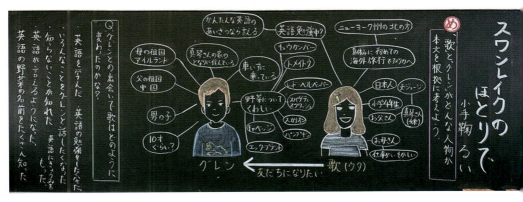

主な発問　・グレンとの出会いで歌はどのように変わったのかな？

▶ タブレット上で本文に線を引かせる

「教科書に線を引きましょう」という指示をしたことがあるのではないかと思います。子どもたちは、「たくさん線を引いているので、わかりにくい……」「まちがえたと思って消しても、うまく消えない……」という思いをもってしまいがちです。

タブレット上で線を引くように変えるとこれらの問題は解決します。書いたり消したりは簡単ですし、色も使い分けられます。

また、複製もできるため、テーマ別に線を引いたものを残すことも可能です。子どもたちは自分が線を引いたところをタブレットで友達に見せながら共有し、話し合いに活用しています。

こんなときはウェビング型！②
登場人物の気持ちを考えるとき

登場人物の気持ちを読み取る

　ウェビング型の板書は、登場人物の気持ちを考えるときにも効果的です。ウェビングマップと見た目は似ていますが、本来のシンキングツールと同じ使い方をしているというわけではありません。

　登場人物から吹き出しを引っ張り、登場人物の気持ちや考えを書いて広げていくときに使います。

実例1　4年生国語科「友情のかべ新聞」（5時目）

活動内容　「ぼく」がどんな推理をしたかを本文を根拠にして考え、友達と共有する。それをウェビング型の板書で整理していく。その後、「ぼく」のその推理は本当に当たっていると言えるのかというテーマで話し合う。

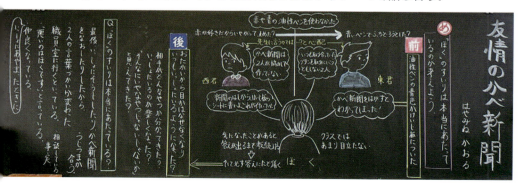

主な発問
・「ぼく」はどんな推理をしたのかな？
・「ぼく」の推理は本当に当たっている？

実例2　2年生国語科「スーホの白い馬」（6時目）

活動内容　殿様によって離ればなれになったスーホと白馬がそれぞれどんな気持ちなのかを本文をヒントにしながら想像する。それをウェビング型の板書に整理していく。

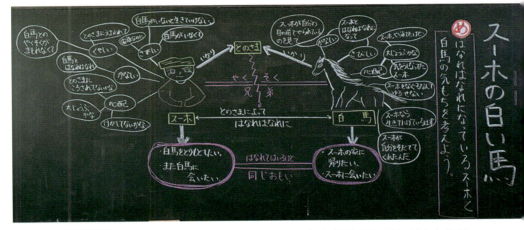

主な発問
・離ればなれになっているスーホと白馬はそれぞれどんな気持ちかな？

➡ 本文を読み込ませる

　「気持ち」は、本文にストレートに書いてあることもありますが、本文の言葉（情景描写、会話文、色彩語など）に着目して、気持ちを"考える"ことが、学年が上がるに比例して増えます。
　だからこそ、子どもたちが本文を読む機会を何度も何度もつくり、本文を読み込むことができるようにすることが大切であると考えています。また、友達と一緒に読むということも大事にしています。それが、新たな気づきを得るきっかけになることもあります。

第2章　実例を大公開！　「型」が思考を助ける！　国語科の板書術　43

こんなときはウェビング型！③
知っていること・わかったことを整理するとき

子どもたちが考えを広げられるように

　ウェビング型の板書は、知っていることやわかったことを整理していくときにも使います。
　子どもたちから出た発言をどんどん板書していき、関連するところと線でつなぎ、子どもたちが考えを広げることができるようにします。

実例1　**4年生国語科「パンフレットを読もう」（2時目）**

活動内容　実際のパンフレットを見ながら気づいたことやわかったことをグループで Jamboard（Canva、FigJam も可）で共同編集しながら出し合う。全体で共有するとき、グループで出た意見をウェビングで整理する。

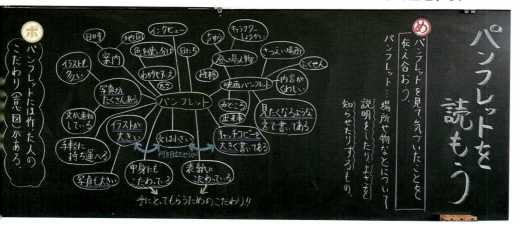

主な発問　・パンフレットを見て、どんなことに気がついたかな？

実例2　**3年生国語科「はんで意見をまとめよう」（3時目）**

活動内容　動画を見る中で気づいたことや今までしてきた話し合いの中で感じたことをもとに、話し合うときに大切なことは何かを考える。子どもたちと考えたことをウェビングで板書する。

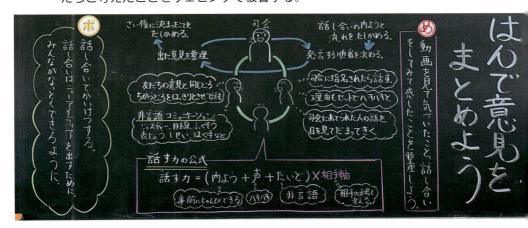

主な発問　・動画を見て気づいたことは何かな？
　　　　　　・今までしてきた話し合いの中でどんなことが大切だと感じたかな？

➡ 日頃から話し合う習慣を!!

　話し合う力は、国語の「話す・聞く」単元だけで身につけるものではないと考えています。日々の積み重ねが大事です。
　日頃から話し合い活動や学級会を取り入れてきていたこと、そのたびに話し合うときのポイントを考えてきていたこともあり、子どもたちはそれを思い出しながら、意見をどんどん出すことができきました。

こんなときは構成型！①
全体像を理解させたいとき（説明文）

説明文の美しい構造に気づかせる

　構成型の板書は、全体像を理解させたいときに使うと効果的です。特に、説明文は「はじめ・中・おわり」が大事になってきます。板書を見て、それが一目でわかり、どこにどんなことが書いてあるかを理解しやすくなります。

実例1　4年生国語科「未来につなぐ工芸品」（2時目）

活動内容　本文を読みながら、それぞれの段落でどのようなことが書かれているのかを確認する。そして、筆者の考えが書かれてある文を見つける。

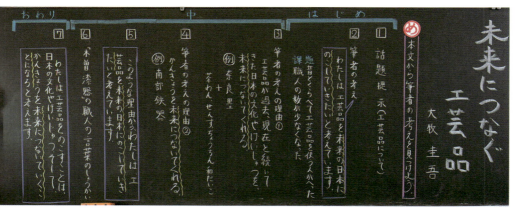

主な発問
・各段落でどのようなことが書かれてあったかな？
・筆者の考えは本文のどこに書かれてあるかな？

実例2 **2年生国語科「ロボット」（6時目）**

活動内容 「ロボット」の「中」にどのようなことが書いてあったかを整理する。その後、「3つの中で一番すごいと思うロボットはどれ？」という発問に対し、自分の考えをもち、友達と交流する。

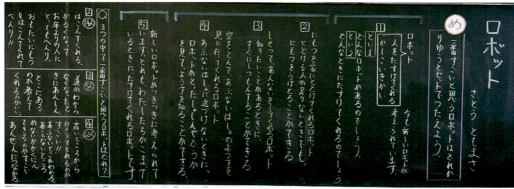

主な発問 ・3つの中で、一番すごいと思うロボットはどれ？

➡ 「Which型課題」を取り入れる

　桂聖先生の提案されている「Which型課題（学習者が選択肢の中から選択し、判断する場面を設定する学習課題）」を授業の中に取り入れています。

　実際、「3つの中で、一番すごいと思うロボットはどれ？」と問いかけると、子どもたちはものすごいスピードで自分がすごいと思ったロボットについて、どんなところがすごいと思ったのかをノートにびっしりと書いていました。その中で、本文の内容の理解も深まっていました。その後の交流でも、子どもたちが、楽しそうに意欲的に友達と意見を交流する姿が見られました。

こんなときは構成型！②
「中」を予想するとき

予想だから違っていい!!

構成型の板書は、「中」に書いてある内容を予想するときにも使います。説明文の「はじめ」と「おわり」を先に読んで、「中」を予想するというのは、樋口綾香先生が説明文の授業でよくされている実践です。

それを、沼田拓弥先生の立体型板書のバリエーションの１つ「構造埋め込み型」も取り入れながら、自分なりにアレンジして板書で整理しています。

「はじめ」の部分と「おわり」の部分も板書で残しておくことで、「中」に書いてあることを、「はじめ」と「おわり」を根拠に考えることができるように、構成型で整理しています。説明文の学習の導入で効果的な板書だと考えています。

実例1　2年生国語科「ロボット」（1時目）

活動内容　まず、「ロボット」の「はじめ」を読んで、何について書いてある

説明文なのか、「問い」は何かを確認する。次に、「おわり」を読んで、筆者の考えは何かを確認する。そして、「中」にはどのようなことが書いてありそうかを予想し、交流する。そして、子どもたちから出た予想を?の下にどんどん板書していく。

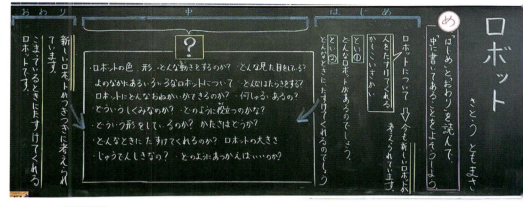

> **主な発問**
> ・今回の「問い」は何かな？
> ・筆者が言いたいことって何かな？
> ・「中」にはどんなことが書いてありそうかな？

➡ 「中」を予想させることのよさ

「中」を予想させる実践をはじめて取り入れたのは、3年生国語の「ありの行列」の授業です。この授業では、明らかに子どもたちの目のかがやきが違いました。予想したことをタブレットで打ち込み、友達と自由対話で交流するというときもあります。この実践のよさは大きく2つあります。

① 「『中』をはやく読みたい‼」という子どもたちの意欲を引き出せる。
② 「中」を予想するために、「はじめ」と「おわり」を熟読するため、内容の理解が深まる。

説明文の学習で、「中」にどのようなことが書かれてあるかを予想するという活動はほかにも、3年生「文様」「こまを楽しむ」、6年生「笑うから楽しい」などでもできる実践です。ぜひ取り入れてみてください。

こんなときは人物相関図型！
人物の関係性を表したいとき

📘 長い文章でも全体像をつかめるように

　人物相関図型の板書は、登場人物の関係性や物語の内容を整理したいときに使います。本文を根拠にしながら、登場人物の関係性を矢印や吹き出しを使って明確にしていきます。そうすることで、長い文章であっても、物語の全体像をつかめるようにしています。

実例1　4年生国語科「世界一美しいぼくの村」（2時目）

活動内容　本文を根拠にしながら、ヤモとその家族の人物相関図を作る。

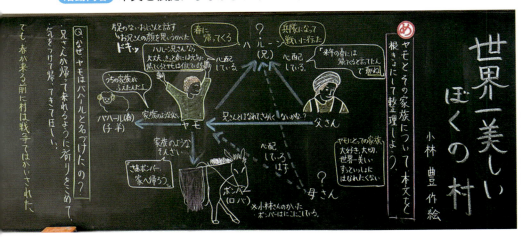

主な発問　・なぜ、ヤモはバハールと名づけたの？

実例2　**3年生国語科「サーカスのライオン」（2時目）**

活動内容　本文を根拠にしながら、じんざと男の子の人物像を整理し、人物相関図を作る。

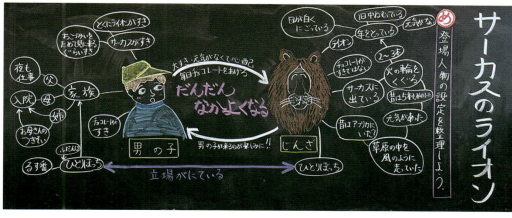

主な発問　・男の子とじんざについて本文からどんなことがわかるかな？

➡ 絵を描くことに集中しない

　人物相関図型の板書を Instagram に投稿すると、「この絵はいつ描くのですか？」とよく質問されます。基本的には休み時間のときに子どもたちと話をしながら描いています。

　私自身、イラストを描くのは得意なほうなので、10分ほどあれば描き上げることができます。国語科で、絵はあまり重要ではありません。だから、**絵を描くことに時間をかけたり、集中したりはしていません**。棒人間にしたり、挿絵を使ったりすることもあるくらいです。もっといえば、言葉だけで人物相関図を表しても大丈夫です。

　子どもたちは、絵を描いてある状態のワークシートに書き込んでいく取り組みをよくしています。同じように休み時間に自分のノートに絵を描いて、そこに整理していく子もいます。

こんなときは変容型！①
心情曲線で心の動きを表したいとき

登場人物の心が動いたことのわかる文を見つける

変容型の板書では、心情曲線を用いて心の動きを表すパターンもあります。物語全体の中で、登場人物の気持ちがどのように変化しているのかを細かく理解することができます。

実例1　5年生国語科「銀色の裏地」（2時目）

活動内容　まず、どのような出来事があったかを確認する。そして、そのたびに、「理緒」の心はどんな気持ちかを、本文に書かれてあることを根拠に考え、心情曲線で「理緒」の心情の変化を可視化する。理緒の気持ちに共感しながら読んでいくことができるようにする。

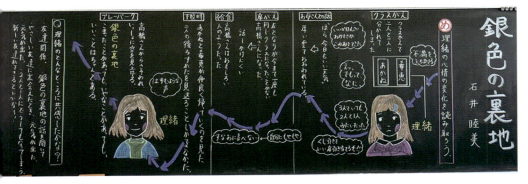

主な発問　・理緒のどんなところに共感したかな？

実例2　4年生国語科「スワンレイクのほとりで」（3時目）

活動内容　「歌」の思いがアメリカで経験した出来事を通して、どのように変わったのかを本文を根拠にしながら考える。「歌」の思いの変化を心情曲線で可視化する。

主な発問
・そんなにグレンともっと話したいなら、翻訳アプリや通訳の人に頼めばいいのではないかな？

▶ 作者・筆者について事前に調べておく

　国語科の物語文・説明文・詩を教材研究するときには、必ず、作者・筆者について調べるようにしています。これは樋口綾香先生から学んだことで、それからずっと続けていることです。

　作者・筆者について調べることで、その作品ができた背景や読み進めていくためのヒントを得ることができます。また、授業の中で、意図的に作者・筆者についても紹介するようにしています。

　作者・筆者の写真、インタビュー動画・関連動画、ほかの作品の紹介もしています。図書の時間や家に帰ってから、「同じ筆者・作者が書いた本を読んでみた！」という子もいました。

　作者・筆者について紹介することが子どもたちの「読みたい！」を引き出すことにもつながると考えています。

こんなときは変容型！②
前後でどう変わったかを表したいとき

変容のきっかけを見つける

　変容型は、物語の「はじめ」と「終わり」で登場人物がどう変容したかを整理したいときにも効果的です。「前」と「後」の状態を書き、真ん中では、変容するきっかけになったことを整理して書いています。

実例1　4年生国語科「友情のかべ新聞」（6時目）

活動内容　東君と西君の関係性が、「前」と「後」ではどのように変化したかを確認する。その後、「中井先生の作戦は成功したと言えるのか？」という問いについて考える。それぞれの立場の子どもたちから出た考えを板書していく。

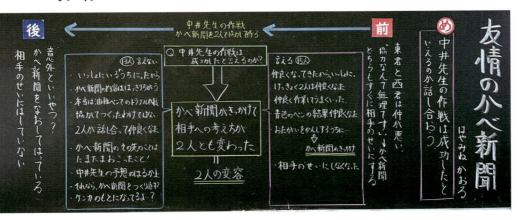

主な発問　・東君と西君の関係性はどのように変化したかな？
　　　　　・中井先生の作戦は成功したと言えるのかな？

実例2　3年生国語科「春風をたどって」（3時目）

活動内容　ルウは「前」と「後」でどのように変わったのかを考え、共有する。その後、「なぜルウは変わったのか？」という問いについて考え、ルウが変わるきっかけになった理由を本文を根拠にして考える。子どもたちの考えを板書していく。

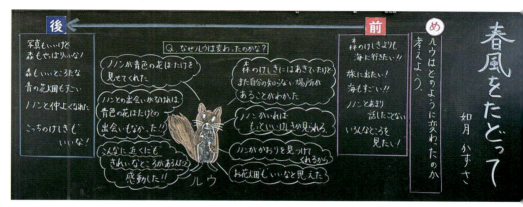

主な発問　・ルウは「前」と「後」でどのように変わったのかな？
　　　　　・なぜルウは変わったのかな？

➡ 本文に立ち返らせる

　物語文では、登場人物の変容を読み取ることが1つの鍵となります。どのように変わったか、何がきっかけで、どうして変わったのかというところを本文を根拠にして子どもたちが語れる力を育てたいと思っています。

　そのため、子どもたちの発表のとき、意図的に「それって本文のどこを読んでそう感じたの？」と切り返すようにしています。本文に立ち返らせる習慣をつけるねらいがあってしています。

　実際、繰り返ししているうちに、発表するとき、子どもたちから「本文のここに〜〜と書いてあるから」と話すようにもなっていきました。

こんなときはXチャート・Yチャート型！①
それぞれの視点で整理したいとき

多面的・多角的に内容を理解する

　Xチャート・Yチャート型の板書は、それぞれの視点で整理したいときに使うと効果的です。それぞれの視点で整理することで、多面的・多角的に内容を理解することができるのではないかと考えています。

実例1　**5年生国語科「銀色の裏地」（5時目）**

活動内容　「理緒」の心情を読み取ることができる言葉を「行動の様子や表情を表す表現」「情景」「心内語」の3つの視点から探す。それを友達と共有し、Yチャートで整理する。

主な発問　・「理緒」の心情がわかる言葉はどれかな？

実例2 4年生国語科「スワンレイクのほとりで」（4時目）

活動内容 「歌」の印象に残った出来事を3つの視点で分類し、Yチャートで整理する。その視点が「歌」の変容のきっかけにもなっている。

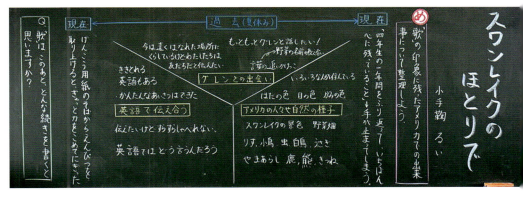

主な発問 ・「歌」はこのあと、どんな続きを書くと思いますか？

実例3 4年生国語科「風船でうちゅうへ」（3時目）

活動内容 筆者のしてきた研究のうち、1号機から4号機までのことをXチャートでそれぞれ整理する。

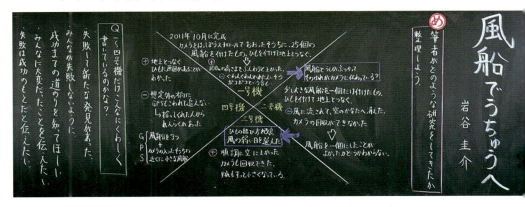

主な発問 ・どうして、失敗しているのに、1～4号機のことを、こんなにくわしく書いているのかな？

こんなときはXチャート・Yチャート型！②
言葉集めをしたいとき

視点別に分類する

　Xチャート・Yチャート型の板書は、言葉集めをしたいときにもよく使っています。子どもたちが集めた言葉・知っている言葉を板書上で、視点別に分類していくときに効果的です。

実例1　**4年生国語科「慣用句」（2時目）**

活動内容　前時に調べた慣用句を友達と紹介し合う。それを友達と共有し、「体」「動物」「カタカナ」「植物」と4つの視点で分類しながら整理していく。

主な発問　・あなたが調べた慣用句を教えて？

実例2　3年生国語科「つたわる言葉であらわそう」（2時目）

活動内容　「うれしい」「かなしい」「すごい」の類義語を調べたあと、それを友達と共有し、Yチャートで整理していく。

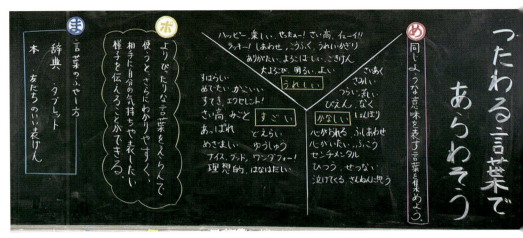

主な発問　・「うれしい」（「すごい」「かなしい」）と同じような意味の言葉ってどんな言葉があったかな？

➡ "静"と"動"のメリハリをつける

尊敬している初任時の学年主任の先生から、「授業に緩急（メリハリ）をつけることが大事だ」と教えていただきました。

以来、私が授業をするとき、ずっと意識していることです。

個人でじっくり調べるときは"静"の時間。調べたことを友達と自由対話やペアトークなどで共有するのは"動"の時間。"静"と"動"を授業の中で何度か行き来します。ここのメリハリをしっかりつけることを意識しています。

3章

基本の「型」で
授業がスムーズに！
算数科の板書術

これだけは押さえておきたい算数科授業＆板書づくりのポイント

算数科で押さえるべき3つのポイント！

①朱書きの教科書（教師用教科書）で「本時の目標」と「まとめ」を見る。
②どのような問題が出題されているかを確認する。
③子どもたちが何で悩みそうかを予想し、工夫を考える。

　算数科の授業をつくるときには、まず、朱書きの教科書で「本時の目標」と「まとめ」を見て、その時間に押さえる内容を確認します。次に、どのような問題を通して、その内容を押さえるのかを見ます。算数科では、基本的な板書の型をつくっているので、あとはそれに当てはめていくだけです。

【基本の型】

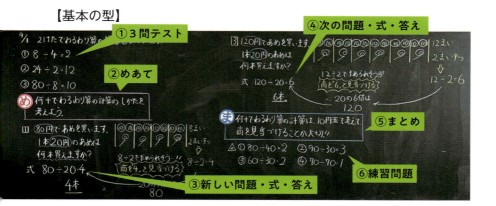

特に、算数科は、板書の型を決めておくと、スムーズに授業づくりをすることができる教科です。あくまでも、この型は私が考えているものなので、ぜひ自分に合った型をつくってみてください。

子どもたちがどこで悩みそうか予想する

　もう1歩進みたい人は、子どもたちがどのようなところで悩みそうかを予想します。でも、やはり授業してみないことには、なかなかわからないものです。

　だから、周りの先生方に相談してみることがとても大切です。それが学年団での教材研究、職員室内での教材研究につながり、新たな視点をもらえるきっかけになると思います。私もよく、「この問題って、子どもたちはどういうところで悩みそうですか？」と先生方に質問しています。

　特に、その学年を何度も担任したことがあるような経験豊富な先生方だと、「ここは、～～ところが難しいんだよ」「～～支援をしたらうまくいったよ」「ここで悩む子が多いから、タブレットを活用すると効果的だよ」など、経験をもとにアドバイスをしてくれるはずです。

　そして、それを踏まえて、よりわかりやすい授業になるように、どんな工夫ができそうかを考えるようにします。その1つが板書の工夫です。それ以外にも、たとえば、支援グッズを作成する、既習事項を復習する、タブレットをうまく活用するなどの工夫ができると思います。ここまでの準備を事前にしておけば安心です！

こんなときはベン図型！
2つのやり方を比較したいとき

📝 答えを求める方法の共通点を見つける

　ベン図型の板書は、算数では答えを求める方法が複数あります。それらを比較し、共通点や相違点を見つける活動のときによく使います。

実例1　**4年生算数科「面積」（5時目）**

活動内容　縦と横の長さの単位がちがうときの面積の求め方2つをベン図で比較する。その後、長さの単位をそろえることが大事であると気づかせる。

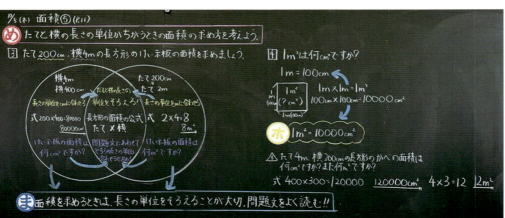

主な発問　・2つのやり方に共通することは何かな？
　　　　　　・どちらのやり方でするのがいいかな？

64

実例2　**4年生算数科「角とその大きさ」（5時目）**

活動内容　180°をこえる角の大きさを求めるときの2つの方法をベン図で比較する。問題によって、そのどちらを選べばよいかを考えることが大事であると気づかせる。

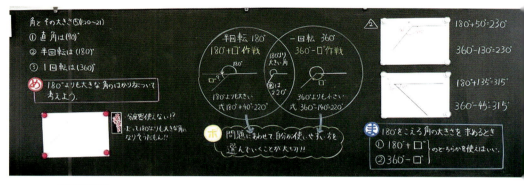

主な発問　・どちらのやり方でするのがいいかな？

ベン図型の板書のポイント　～コンパスを使う～

　特に、算数科の授業ということもあるので、ベン図を描くときには、きちんと黒板用のコンパスを使って同じ半径の円を描くことをおすすめします。それだけで、見た目が美しくなります。

　フリーハンドで描くと、どうしてもゆがんだり、雑に見えたりしてしまいます。円の中に文字を書くときもバランスが崩れ、結果的に見えにくく、わかりにくい板書になってしまうこともあります。そのため、ベン図を描くときには、どの教科でも積極的に黒板用のコンパスを使っていきましょう！

　また、経験上、黒板用のコンパスに小さなチョークをはさんで円を描くというのは難しいです。長い新品のチョークを使って描くことをおすすめします。

こんなときは対比型！
2つの問題例を比較したいとき

共通点を見い出す

　対比型の板書は、算数の授業の中で最も活用されているものです。たとえば、教科書で2つの問題例が提示されることがよくあります。その場合に、それぞれの共通点を見い出すことができます。

実例1　4年生算数科「分数」（4時目）

活動内容　答えが仮分数になったり、式に仮分数が使われていたりする分数のたし算やひき算の問題を解く。2つの問題を板書で対比させることで、分母が同じ数のたし算やひき算は、分母はそのままにして分子だけを計算すればいいということに気づくことができるようにする。

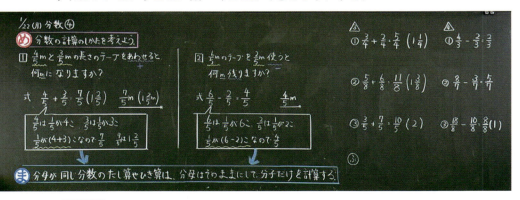

主な発問　・2つの問題を通してわかったことは何かな？

実例2　4年生算数科「直方体と立方体」（8時目）

活動内容　前時で学習した平面にあるものの位置の表し方について復習する。次に、空間にあるものの位置を表すという問題を提示し、3つの数の組み合わせで表せばいいのではないかという見通しをもたせる。そして、平面にあるものの位置の表し方、空間にあるものの位置の表し方を板書で対比させ、似ているところを見つけやすくする。

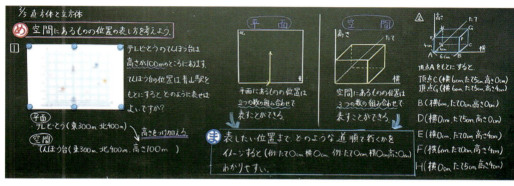

主な発問
・平面にあるものの位置を表すときと、空間にあるものの位置を表すときに似ていたのはどんなことかな？

➡ 内容によって重点を変える

若手の先生の中には「算数の授業で適用題までいけない……」という悩みをもった方もいらっしゃるのではないでしょうか？

いろいろなパターンの問題に取り組み、確実に定着させ、身につけていくということが求められます。私は、単元全体を見て、この時間は話し合いに重点を置きたい、この時間は適用題をたくさん解かせたいなど、内容によって重点を変えるようにしています。

こんなときはXチャート型！
4つの解き方で分類したいとき

さまざまな解き方を紹介する

　Xチャート型の板書は、算数では、4つの解き方や4つの視点で分類したり、その時間に押さえたい内容を多面的に見たりする活動のときによく使います。

実例1 　**4年生算数科「式と計算の順じょ」（6時目）**

活動内容　黒石と白石を合わせた数を求める式をXチャートで整理し、図と式を結びつけながら考える。そして、それぞれの式の意味を、図を使って説明する。

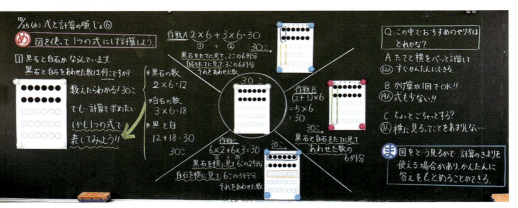

主な発問　・この中でおすすめのやり方はどれかな？

実例2　4年生算数科「分数」（5時目）

活動内容　帯分数が入った分数の計算の仕方を考える。その後、4つのやり方としてXチャートで整理し、一番はやく、簡単に、正確に計算できるのはどれかを考える。

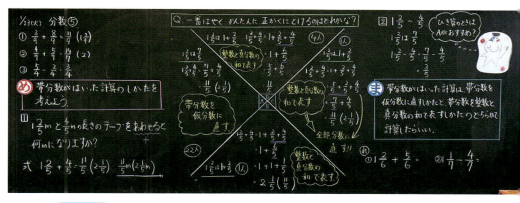

主な発問　・一番はやく、簡単に、正確に解けるのはどれかな？

いろいろな解き方を知っておくことの大切さ

　算数の教科書では、よくさまざまな解き方が提示されています。

　もちろん、「は・か・せ」（はやく・かんたんに・せいかくに）で解けるに越したことはないですが、答えにたどり着けるのであれば、それにこだわる必要はないとも考えています。

　そこで、複数のやり方を提示したときには、「こういう問題を解くときに、自分にとってのやりやすい方法はどれか？」を問うようにしています。その後、理由と一緒に友達に伝え合う時間をとるようにしています。友達と交流する中で、「たしかに、○○さんおすすめのやり方がいいかも！」と新たな気づきも得られるといいなと考えています。

第3章　基本の「型」で授業がスムーズに！　算数科の板書術

こんなときはYチャート型！
3つの解き方で分類したいとき

押さえたい内容を多面的に見る

　Yチャート型の板書は、3つの解き方や3つの視点で分類したり、その時間に押さえたい内容を多面的に見たりする活動のときによく使います。

実例1　4年生算数科「2けたでわるわり算の筆算」（9時目）

活動内容　大きな数のわり算を工夫して解いた後、教科書の3つのやり方を提示し、どのやり方と同じだったかを確認する。3つの共通点を考えさせる中で、どれもわり算の性質を使っていることに気づかせる。

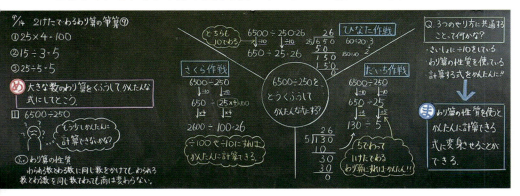

主な発問　・自分のやった方法は3つのうちどれかな？
　　　　　　・3つのやり方に共通することって何かな？

実例2　4年生算数科「式と計算の順じょ」（3時目）

活動内容　同じ数値を意図的に使っている3つの四則混合式を、計算の順序を考えて計算させる。それぞれの問題を通して、四則混合式の計算の順序でどんなことを気をつければいいか、Yチャートで見やすくする。

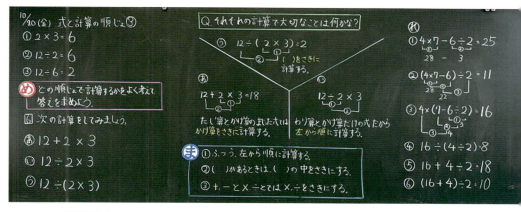

主な発問　・それぞれの計算で大切なことは何かな？

実例3　1年生算数科「3つの　かずの　けいさん」（2時目）

活動内容　3つの数の計算で、「へってへって」の計算をどうすればいいかやり方を考える。

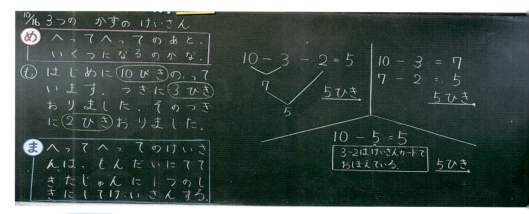

主な発問　・へってへってのあと、いくつになるのかな？

こんなときはイラスト型！
問題文を具体的にイメージさせたいとき

📝 問題文をイラスト化する力が大切

　問題文が長いとき、複雑なときは、イラスト型の板書を使うと効果的です。問題文を1文ずつ読みながら、それをイラストで表していくようにします。子どもたちが文章題の問題を解くときに、そのイラストがヒントになります。子どもたちも問題文を読んでそれをイラスト化できるようになると、立式しやすくなります。

実例1　4年生算数科「式と計算の順じょ」（1時目）

活動内容　まず、問題文を1文ずつ読み、イラストに表していく。それを言葉の式で表し、立式させる。

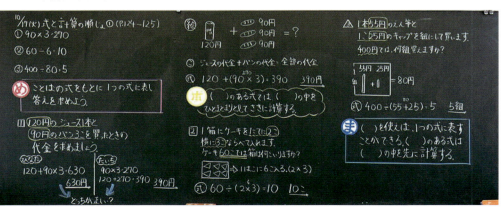

主な発問 ・今日の授業でわかったこと、大事だったことは何かな？

実例2　4年生算数科「割合」（3時間目）

活動内容　問題文を1文ずつ読んで、3つの関係性をイラストに表して整理する。そして、それを関係図に表し、立式させる。その上で、「順にもどしていく方法」と「まとめて何倍になるかを考えてとく方法」のどちらがはやく、簡単に、正確に解けそうかを話し合わせる。

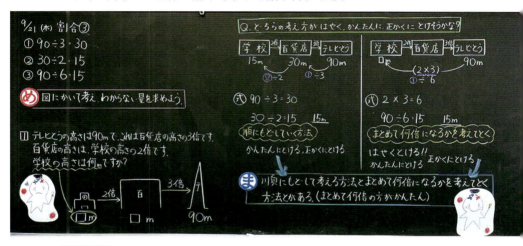

主な発問 ・どちらの考え方が、はやく、簡単に、正確に解けそうかな？

> ### 🡆 おすすめの1冊!!
>
> 　算数科におけるイラスト型の板書は、尊敬する樋口万太郎先生のご著書、『これでどの子も文章題に立ち向かえる！算数授業づくり』で学んだことをアレンジしているものです。これは、万太郎先生が書かれた本の中でも、私が特におすすめする1冊で、何度も読み返しています。

こんなときは巻き物型！
虎の巻のようにして強調したいとき

大事にしたい見方や考え方を一覧に

　巻き物型の板書は、大事にしたい見方や考え方、見るポイントなどを「虎の巻」のようにして強調したいときによく使います。子どもたちはこの巻き物が出てきたときは特に重要な部分だと感じているようで、ノートにもしっかりと書いて、よく見返しています。

実例1 4年生算数科「調べ方と整理のしかた」（3時目）

活動内容 巻き物では、「表に分類・整理した後に大切にすべきこと」を整理する。その後、3つの表から読み取れる情報をもとに、その表の特徴や傾向をグループで出し合う。それをどのように日常生活に生かしていくかという方法も考える。

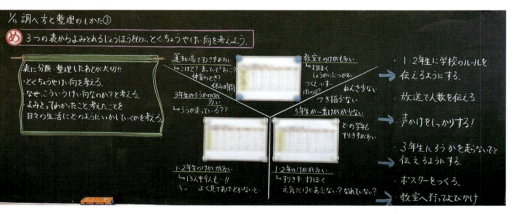

主な発問　・この表の特徴や傾向はなんですか？

実例2　3年生算数科「小数」（7時目）

活動内容　巻き物では、「小数のたし算やひき算をするときのポイント」を整理する。その後、小数のたし算やひき算の筆算で、まちがえやすいところを整理する。まず、教師が誤答を提示する。子どもたちはそれを見て、何がまちがいなのか、正しいのはどうする方法なのかを考え、説明する。

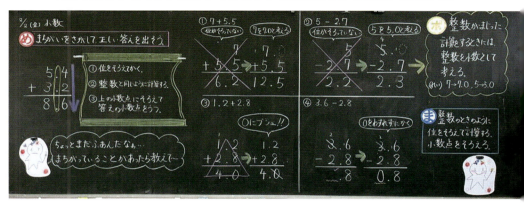

主な発問　・どうしてこれではダメなの？　正しくはどうするの？

➡ あえて教師がまちがえる

　算数の授業ではよく、あえて教師が誤答を示して、なぜそれがまちがいなのかを子どもたちに考えさせ、説明させることをします。子どもたちが感覚的に計算したり、覚えたりするのではなくて、意識してしっかりとした考えのもと、問題に取り組むことができるようにするためにしています。

　経験上、教師がまちがえているところを正すという活動は、特に低学年の子には効果があり、やる気スイッチが入るようです。

4章

「型」で子どもの
理解が進む！
理科の板書術

これだけは押さえておきたい理科授業&板書づくりのポイント

理科で押さえるべき3つのポイント！

① その単元でどんな実験・観察をするのか確認する。
② 予備実験を必ずする！（できれば学年団で）
③ 板書の型をつくっておく。

　理科の授業をつくるときも、単元丸ごとで考えることを特に大事にしています。まず、その単元でどんな実験・観察をするのかを確認します。そして、必ず予備実験を行います。できるだけ、それは学年団で行うことをおすすめします。

　実際にやってみるとうまくいかないということもあります。実験に必要な道具はどこにあるのか、そもそもそろっているのか、実際にやってみたら結果はどうなるのかを確認します。その上で、さらに、子どもたちはこの実験でどんなことを考えるのか、どんなことで悩みそうかなどを考えるようにします。

　また実験と実験のつながり、子どもたちの思考の流れも、予備実験をする中でとらえるようにします。**忙しくても、予備実験だけは絶対に事前にやっておくことをおすすめします。**

　理科の板書も算数と同じようにある程度、型を決めておきます。めあて、学習問題、実験方法、予想、結果、考察（まとめ）と書く内容を決めています。あとは、それぞれのところに教科書の言葉を使って

当てはめていくだけです。**ここまでできたら安心です！**

【基本の型】

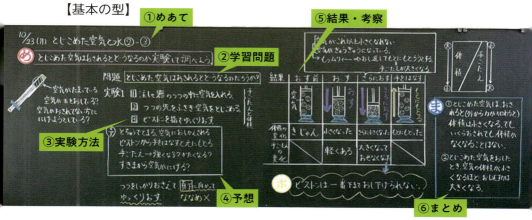

型を一度つくっておけば、時間がなくて事前に板書計画が立てられていない場合でも、授業がはじまる直前に少し教科書を見るだけでなんとか45分間の授業を終えることができるはずです。

予想することの大切さ

理科では特に、予想が大切になります。学習指導要領でも、理科における「予想」の重要性が書かれてあります。

授業の中で、予想する時間をしっかりと確保し、さらには自由対話、グループトーク、ペアトークなどで予想を交流する時間もとるようにしています。そして、必ず全体で共有します。

そのときに「こういう結果になると思う」だけでなく、どうしてそのように予想したのか理由も問います。それにより、前の時間の実験結果や普段の生活体験と結びつけて予想できるようにしています。

第4章 「型」で子どもの理解が進む！ 理科の板書術 79

こんなときはベン図型！
２つの事柄を比較したいとき

📖 違いをはっきりさせる

　ベン図型の板書は、理科では２つの事柄を比較したいときに使っています。それぞれの事柄を比較することで、違いをはっきりさせたり、共通点を見つけやすくしたりすることができます。

実例1　4年生理科「雨水のゆくえと地面のようす」（4・5時目）

活動内容　運動場に出てみて、校庭と砂場の土や砂を触ってみる。その後、教室にそれぞれの土や砂を持ち帰り、それらの違いをベン図で明確にする。そして、問いをもち、校庭の土と砂場の砂の水のしみこみ方の違いを、実験で調べる。

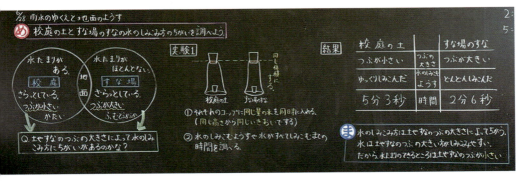

主な発問　・土や砂のつぶの大きさによって、水のしみこみ方に違いはあるのかな？

実例2　4年生理科「物の体積と温度」(4・5時目)

活動内容　これからの実験で使っていく、アルコールランプと実用ガスコンロをベン図で整理し、安全に使うためにどちらにも共通して気をつけるべきことを考える。その後、実際にアルコールランプに火をつけてみる。

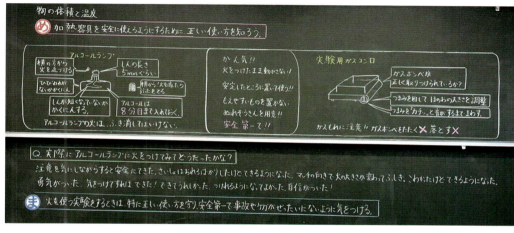

主な発問　・実際アルコールランプに火をつけてみてどうだったかな？

子どもたちが実験することの大切さ

実験となると、学年が上がれば上がるほど、準備も大変で、「教師が実験しているところを見せる」「動画を見せる」で終わらせたくなってしまうかもしれません。

ですが、子どもたちは実際に実験してみるからこそ、理解を深めたり、記憶に残ったりしやすいのだと思います。準備は大変ですが、子どもたちが実験することを大切にしてほしいです。

第4章　「型」で子どもの理解が進む！　理科の板書術　81

こんなときは対比型！
実験Aと実験Bのそれぞれの内容を整理したいとき

 まとめを生み出すために

　対比型の板書は、2つの実験の内容を整理し、共通点や差異を見つけたいときに使います。「それぞれの結果からどんなことが言えるかな？」と問いかけると、本時のまとめにつながっていきます。

実例1　4年生理科「物の体積と温度」（2・3時目）

活動内容　空気や水を温めたり、冷やしたりすると体積がどう変わるのかを実験で調べ、それぞれの結果から、どちらも温められると体積は大きくなり、冷やされると体積は小さくなることを理解する。

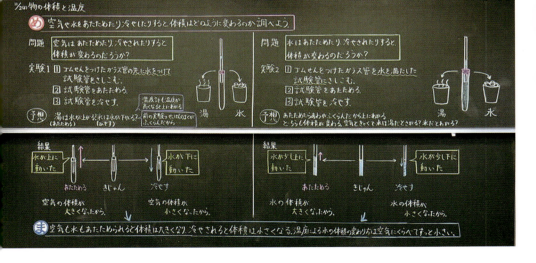

82

主な発問
・空気(水)は温めたり、冷やされたりすると体積が変わるのだろうか？
・それぞれの結果からどんなことが言えるかな？

実例2　4年生理科「水のすがたと温度」(5・6時目)

活動内容　2つの実験を通して、水を熱した後にビーカーの水がへっていたのはなぜかを考える。そして、湯気とあわの正体は何かを突き止める。

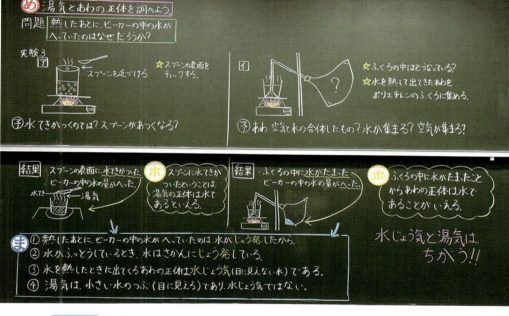

主な発問
・熱したあとに、ビーカーの中の水がへっていたのはなぜだろうか？
・それぞれの結果から、どんなことが言えるかな？

こんなときは循環型！
一定の順序が繰り返されていることを気づかせたいとき

成長過程との相性バツグン！

　循環型の板書は、一定の順序が繰り返されていることに気づかせたいときに使います。成長過程を表現するときには特に相性がいいと思います。円周上にそれぞれの成長過程や特徴を書いていきます。

実例1　3年生理科「実ができたよ」（1・2時目）

活動内容　ホウセンカがどのように成長していったか、そのときの特徴はどうだったかを伝え合いながら整理していくことで、ホウセンカの育ち方には一定の順序があることに気づかせる。

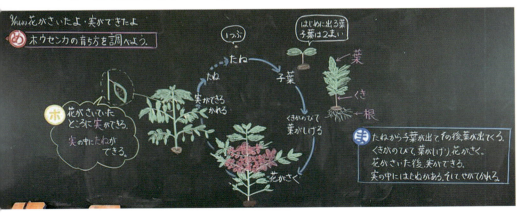

主な発問　・ホウセンカは、たねからどのように成長していったかな？

実例2 **4年生理科「寒くなると」（3・4時目）**

活動内容 寒くなると動物や植物の様子がどのように変わっているのかを動画や教科書などを使って調べ整理する。その後、それぞれの季節の気温によって、動物や植物の様子がどうだったかを循環型で整理する。

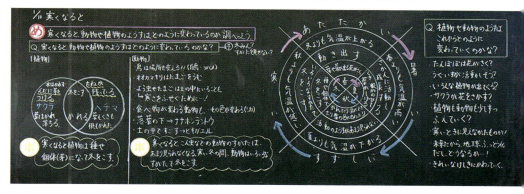

主な発問
- 寒くなると、動物や植物の様子はどのように変わっているのかな？
- 植物や動物の様子は、これからどのように変わっていくのかな？

同じ順序が繰り返されていることに気づかせる

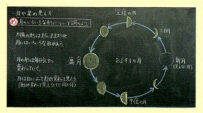

一直線上に順序を書くという方法もあるとは思います。ですが、円周上に、順に必要なことを書いていき、矢印でつなぐと、一目で「同じ順序が繰り返されているんだ！」と気づくことができるのではないかと考えています。

たとえば、右の板書では、「月はおよそ1か月で、いろいろな形に変わるんだ。それが何度もくり返されているんだ」ということに気づかせたいです。矢印でつなぎ終わった後に、きれいな円ができていると映えますが、絶対そうでないといけないというわけではなく、なんとなく丸みを帯びていればOKだと思います。

こんなときはイラスト型!
イラストに表すことでわかりやすくしたいとき

📙 イラストを描くからわかること

　イラスト型の板書は、実際にイラストに表すことでわかりやすくしたいときに使います。イラストを描いている中で、気づけること、理解できること、覚えられることがあると考えています。

実例1　3年生理科「こん虫を調べよう」(3・4時目)

活動内容　教科書を見ながら、アキアカネ、ショウリョウバッタ、モンシロチョウのイラストを描き、その特徴をとらえ、共通点や相違点を見つける。

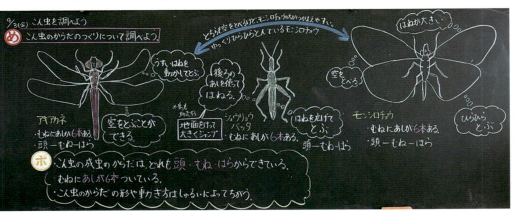

主な発問　・アキアカネ、ショウリョウバッタ、モンシロチョウを描いてみて気づいたことはどんなことかな?

実例2　4年生理科「動物のからだのつくりと運動」（1・2時目）

活動内容　うでを曲げたりのばしたりして、筋肉の様子を調べ、それをイラストで表すことで、うでがどのようにして動いているのかを理解する。

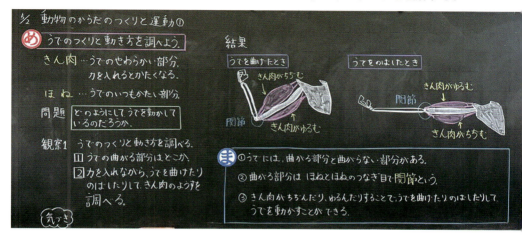

主な発問　・どのようにしてうでを動かしているのだろうか？

➡ 実際にイラストを描いてみる

　理科では、本物や教科書のイラスト・写真などを見ながら、イラストを描いてみることが大切です。「あしはどこから生えているか？」「どこに筋肉がついているか？」など、子どもたちに声をかけながらイラストを描くようにします。

　その中で、どういう見方を大切にしながらイラストを描けばいいのか（観察すればいいのか）ということを子どもたちにインプットします。

　そして、それが観察カードをかくときなどに、アウトプットされていくとよいなと考えています。

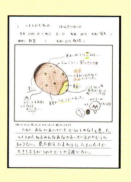

こんなときはXチャート・Yチャート型！
実験内容をイメージしやすくしたいとき

実験内容をわかりやすく分類させる

　理科でXチャート・Yチャート型の板書は、その時間に３つ以上のパターンで実験を行うとき、その内容について整理するときに使うと効果的です。その際、実験方法を言葉で表すよりも、イラストにすることで、よりその時間にすることがわかりやすくなると考えています。

実例1　４年生理科「物のあたたまり方」（１・２時目）

活動内容　金属を熱すると、どのように温まっていくのかを予想し、Xチャートでそれらを整理する。その後、本当にその予想どおりかを実験で確かめてみる。

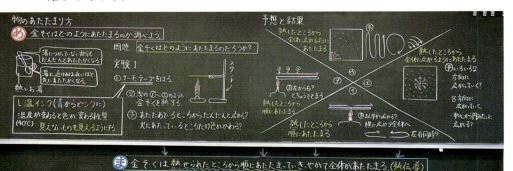

主な発問　・金属は、どのように温まるのだろうか？

> **実例2** **4年生理科「物の体積と温度」（6・7時目）**

活動内容 金属の球を「温める」「熱する」「冷やす」実験内容とその予想をYチャートで示す。その後、それが輪を通るか通らないかを確かめる。そうすることで、金属の球の体積がどのように変わったかを理解する。

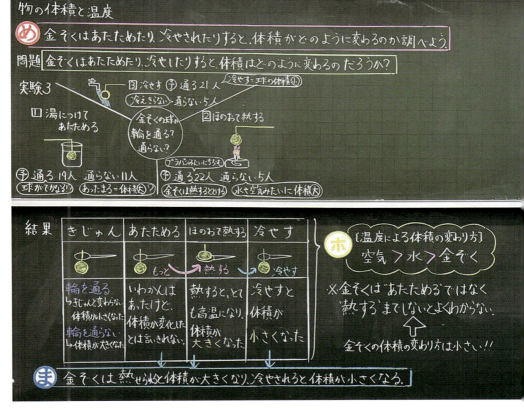

主な発問
・金属は温めたり、冷やしたりすると、体積はどのように変わるのだろうか？
・金属の球は輪を通る？　通らない？

5章

「型」で子どもの考えを
まとめ、整理する！
社会科の板書術

これだけは押さえて おきたい社会科授業＆ 板書づくりのポイント

社会科で押さえるべき3つのポイント！

①単元で押さえる内容を学習指導要領を使って確認する。
②その単元で何を取り扱うかを決める。
③ ゴールまでの過程を考える（主な活動内容、主な発問など）。

　たとえば、社会科の授業は、3年生では自分の住んでいる市で、4年生では自分の住んでいる県でというように、自分の住んでいる町での部分を考えなくてはなりません。特に3・4年生は、副読本を使って授業しているという自治体も多いのではないでしょうか？
　言い換えるとこれは、**学習指導要領で何を押さえなくてはいけないかを確認し**、そこをしっかりと押さえれば、自分で教材をつくったり、授業をデザインしたりすることも自由にできるということです。
　そのためには、その単元で何を取り扱うかを決めることが重要になります。また、教科書のレベルに合わせた内容であることが求められます。子どもになったつもりでフィールドワークに行ったり、子どもたちに指導する前にまず教師自身が調べたり、最新の資料に目を通したりするなど、**教師自身が学ぶということも大事**です。ここを丁寧にしておくことが授業をする上での鍵となります。

自分で授業をデザインできる

これは4年生「地いきの発てんにつくした人々」の板書です。

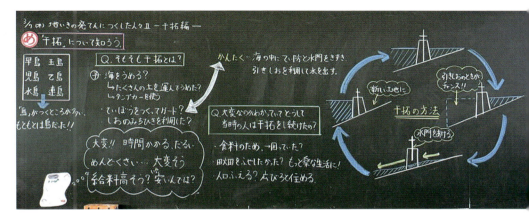

私は学習指導要領で押さえる内容を確認した後、岡山県倉敷市の偉人「大原孫三郎」と岡山県の「干拓」のために尽くした人々を取り扱った教材を自分でデザインしました。

取り扱う内容が決まったら、決められている時間内で、どのように授業を進めていくかを考えます。

主な活動内容、主な発問を考えることも重要です。社会科では特に、個の追究の時間も大切になってきます。個別最適な学びと協働的な学びを往還させるイメージを大切にし、深い学びにつながって

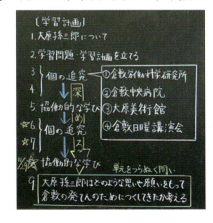

いくように単元の流れを考えるということも大事です。それらを学習計画として、板書に残すこともあります。

3・4年生だけに限らず、5年生、6年生の歴史分野でもこの3つのポイントは基本となるのではないかと考えます。

こんなときはベン図型！
２つの事柄を比較したいとき

ベン図で共通点や類似点を整理する

　ベン図型の板書は、社会科でも２つの事柄を比較し、共通点や類似点を明確にしたいときによく使います。何かと何かを比較することで見えてくること、理解できることがあります。社会科でも、ベン図型の板書はよく登場します。

実例1　6年生社会科「国力の充実をめざす日本と国際社会」（4時目）

活動内容　日清戦争と日露戦争を比べて、気づいたことを伝え合う。それを踏まえて、これらの戦争のメリットとデメリットは何かを考える。

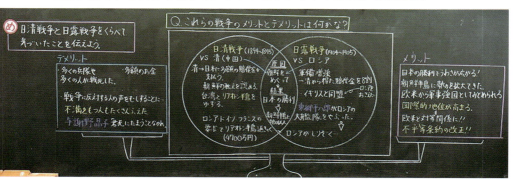

主な発問　・日清戦争と日露戦争についてわかったことは何かな？
　　　　　　・これらの戦争のメリットとデメリットは何かな？

実例2　4年生社会科「土地の特色を生かした地いき」(1・2時目)

活動内容　真庭市の北部と南部の様子を比べ、それぞれの特徴をつかむ。その後、「南部にも北部のような観光地をつくればいいのではないか？」と問いかけ、土地の特色にも目が向けられるようにする。

主な発問　・南部にも北部のような観光地をたくさんつくればいいのではないかな？

授業終盤で投げかける「問い」

社会科でも、授業終盤で投げかける「問い」を大切にしています。それについての自分の考えをもつときに、その時間に子どもたちと一緒につくってきた板書が、ヒントとなるようにしたいと考えています。

そして、考えたことを表現することも大事です。ペアで、グループで、自由対話で伝え合う時間も確保します。

その中で、学習への理解を深めたり、新たな気づきを得たり、次時の学習問題が生まれたりすればいいなと思っています。

こんなときは対比型！
納得解の話し合いをしたいとき

📕 メリットとデメリットを整理する

　対比型の板書は、社会科ではある項目に対してのメリットとデメリットを考えるときに使っています。

　その後、それに関連づけた納得解の発問を投げかけ、メリットとデメリットが整理された板書を用いて、**自分はどう考えるかを表現する**時間をとるようにしています。

実例1　3年生社会科「うつりかわる市とくらし」（12時目）

活動内容　事前に宿題で考えてきた「ドラム式洗濯機」と「縦型洗濯機」のメリットとデメリットについて、自分の考えや意見を伝え合う。

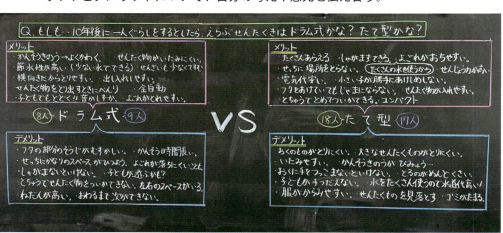

主な発問　・もしも、10年後に一人暮らしをするとしたら、選ぶ洗濯機はドラム式かな？　縦型かな？

実例2　3年生社会科「店ではたらく人びとの仕事」（11時目）

活動内容　事前に課題で考えてきた「セルフレジ」のメリットとデメリット（店の視点・客の視点）について、自分の考えや意見を伝え合う。

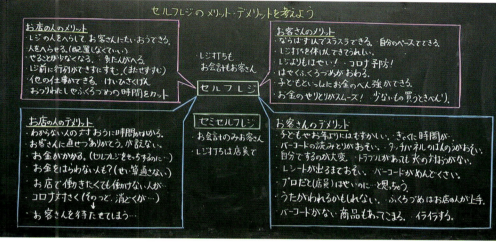

主な発問　・もしも、自分が買い物をしてならぶとすれば、普通のレジ？　セルフレジ？　セミセルフレジ？

➡ よりよい選択をするために

　メリット・デメリットを考えて選択する力は、将来、社会に出たときにも大切になってくる力です。メリット・デメリットが多くあればあるほど、よりよい選択をすることにつながります。だからこそ、友達と自由対話などで交流する中で、それらをたくさん出し合っていくことが大切です。

第5章　「型」で子どもの考えをまとめ、整理する！　社会科の板書術　97

こんなときは循環型！
一連の流れが繰り返されていることを表現したいとき

同じ作業・内容が続くことに気づかせたいとき

　循環型の板書は、一連の流れが繰り返されていることを表現したいときに効果的です。社会科では同じような作業・内容が日々繰り返されているということに気づくきっかけとして使っています。

実例1　**3年生社会科「安全なくらしを守る人々のくふう」（5時目）**

活動内容　火事のないとき、消防隊員がどのような仕事をしているのかを調べ、循環型で整理する。

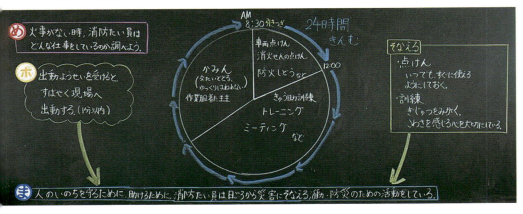

主な発問　・火事がないとき、消防隊員はどのような仕事をしていると言っていたかな？

実例2 4年生社会科「ごみの処理と活用」（8時目）

活動内容 校外学習に行ったとき、清掃工場でどのような作業が行われていたかを伝え合う。それを循環型で整理し、毎日同じ作業工程が繰り返されていることに気づかせる。

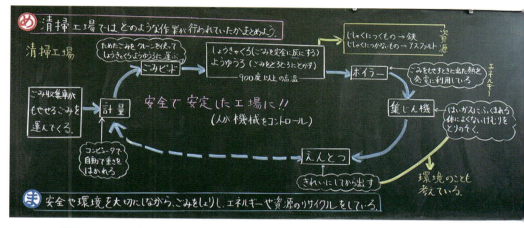

主な発問 ・清掃工場では、見学に行ったとき、どの場所で、どのような作業が行われていたかな？

社会科見学での学びを生かす

社会科見学に行って、実際に「見る」「聞く」「体験する」ということは、子どもたちが理解を深める上でとても大切です。

後日、社会科見学で学んだことを学校でふりかえったり、授業の中で見学のときのことを想起させたりすると思います。

そのときに、教科書に書かれている内容との共通点や相違点を見つける活動を取り入れることがおすすめです。

こんなときはウェビング型！① 知っていること・わかったことを整理したいとき

得た情報を表出する

　ウェビング型の板書は、子どもたちが知っていること・わかったことの整理に効果的です。社会科では、日常生活の中で知っている知識や教科書から得た情報を関連づけ、整理するときに使っています。

実例1　3年生社会科「安全なくらしを守る人びとの仕事」（3時目）

活動内容　警察署で働く人の仕事内容を教科書で調べたり、自分が知っている知識を思い出したりし、友達と共有する。

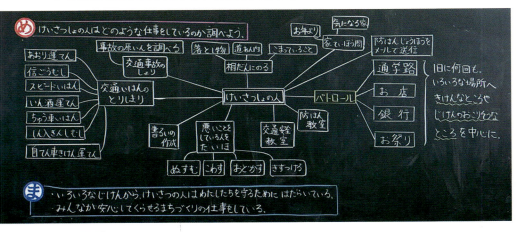

主な発問　・警察署の人はどのような仕事をしているのかな？

実例2 6年生社会科「天皇を中心とした政治」(2・3時目)

活動内容 聖徳太子の残した功績について知る。どのようなことをした人なのか、教科書から情報を集め、友達と共有する。

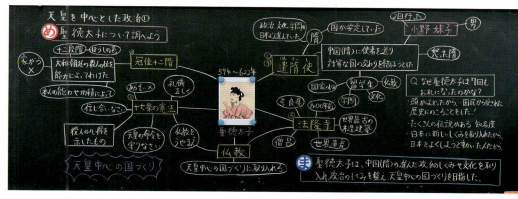

主な発問
- なぜ聖徳太子は7回もお札になったのかな？
- 聖徳太子がしたことで一番世の中の役に立ったことは？

子どもたちが考えをもつためのヒントとなる板書

上の2つの資料は、「聖徳太子がしたことで一番世の中の役に立ったことは？」というテーマについて子どもたちがCanvaを使って自分の考えをまとめてきたものです。授業終盤に投げかけた問いについて、自分の考えをまとめる宿題をよく出しています。板書で整理された後だからこそ、それをヒントに子どもたちは自分の考えをしっかりともち、表現していくことができます。

こんなときはウェビング型！②
子どもたちが追究したことを板書でつなげていきたいとき

追究したことが集約される

　子どもたちが追究したことを伝え合っているときに、ウェビング型板書でつなげて整理していくと効果的です。また、JamboardやFigJam、Canvaとも非常に相性がいい板書です。

実例1　**4年生社会科「わたしたちのまちに残る古い建物」（2・3時目）**

活動内容　大浦天主堂について追究したことを友達と自由対話で伝え合う。その後、全体で学んだことを共有し整理する。その上で、なぜ大浦天主堂を未来に残していくことが大切なのかを考え伝え合う。

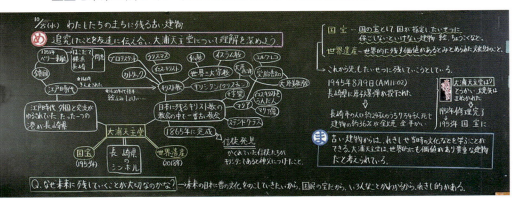

主な発問　・「大浦天主堂」についてどんなことがわかったかな？
　　　　　　・なぜ未来に残していくことが大切なのかな？

実例2 **4年生社会科「わたしたちのまちに伝わる祭り」（2・3時目）**

活動内容 「長崎くんち」について追究したことを友達と伝え合う。そこで、「長崎くんち」の課題も押さえた上で、「長崎くんち」を未来につないでいく意味を考える。

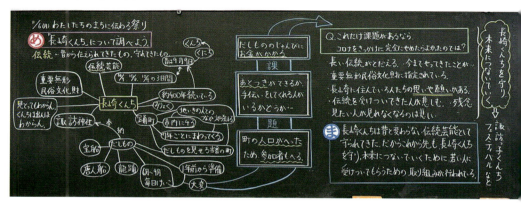

主な発問
・「長崎くんち」についてどんなことがわかったかな？
・これだけ課題があるのなら、コロナをきっかけに完全にやめたらよかったのではないかな？

🟢 地図帳で調べる習慣をつける！

　社会科の時間だけに関わらず、国の名前や都道府県名、市町村名が出てきたときには、地図帳でその場所を調べる時間を取るようにしています。

　位置を覚えるという目的だけでなく、「地図帳っておもしろいな！」「～～について調べてみたいな！」「～～県では～～が有名なんだな！詳しく調べたいな！」と地図帳をきっかけに学びを広げていってほしいという願いがあるから行っていることです。

第 **5** 章　「型」で子どもの考えをまとめ、整理する！　社会科の板書術　103

こんなときはYチャート型！
1つの事柄を3つの視点で整理したいとき

追究の流れはコレだ！

　Yチャート型の板書は、社会科でも3つの視点に分類して整理したいときに使います。子どもたちが追究したことを視点別に分類・整理し、見やすく、わかりやすい形で集約します。そして、そこから気づきを得させます。

実例　4年生社会科「自然災害から命を守る」（4時目）

　まず、一斉授業で「自助・共助・公助」という言葉を子どもたちに伝えました。その中で子どもたちから「それって具体的にはどんなことをすることなんだろう……」という問いが生まれました。（1時）

　そこで、「災害に備える取り組み」というテーマで自分たちが考えたい問いについて追究する時間をとりました。（2・3時）

　本を使って調べるか、タブレットで検索するか、両方とも使うかなど調べ方を自分で選ばせました。

　また、追究したことをまとめるときも、ノート、Google スライド、ロイロノート、Jamboard、Canva と選択できるようにしておきました。

活動内容 災害にそなえる取り組みについて、個人で追究した内容を友達と共有する。（4時）

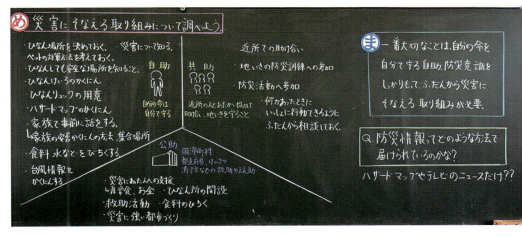

主な発問 ・みんなの意見を分類したYチャートを見て、どのようなことに気づきましたか？

➡ よさが伝わるように

調べてわかったことを、Yチャートで、視点別に分類して整理することで見やすさ、わかりやすさを感じさせられるように板書します。Yチャートを使うよさが伝わるようにすることがポイントです。子どもたちに、そのよさが伝われば、

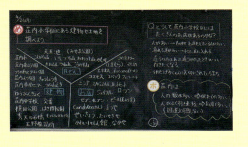

個の追究をしていくとき、また、何かを分類して整理したいときに「Yチャートを使おう」という思いを自然ともつ子どもが出てくるはずです。

第5章　「型」で子どもの考えをまとめ、整理する！　社会科の板書術　105

こんなときはXチャート型！
1つの事柄を4つの視点で整理したいとき

それぞれの特徴を明確化する

　Xチャート型の板書は、4つの視点に分類して整理したいときに使いますが、社会科では、調べてわかったことや子どもたちから出た意見を視点別に分類・整理することで、それぞれの特徴を明確化し、見やすく、わかりやすくすることができます。

実例　4年生社会科「地いきの発てんにつくした人々」

　1時は大原孫三郎についての導入、2時は単元を貫く問いをもち、学習計画を立てました。3・4時では、大原孫三郎の4つの功績（大原美術館・倉敷中央病院・労働科学研究所・倉敷日曜講演会）について、追究する時間をとりました（個別最適な学び）。（下は5時目の板書）

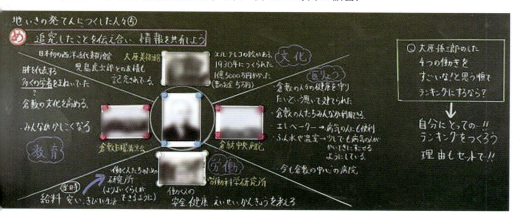

5時では、それぞれが追究したことを共有し合う時間でした。

子どもたちから出た言葉を使って、それぞれ4つの働きの特徴をXチャートで整理していきました。「どれもすごいな〜！」という反応が子どもたちからありました（協働的な学び）。

その反応も踏まえて、6・7時は、大原孫三郎に関係する4つの働きで、自分がすごいと思った順でランキングにしました。

ピラミッドチャートを使う子、プレゼン式にしている子など、自分に合った方法でまとめていました（個別最適な学び）。

勤務校がリーディングDXスクール指定校だったため、8時は、タブレットを活用した授業として公開しました。

まず、6・7時でつくったランキングを友達と自由対話で共有する時間をとりました。その後、全体で何を根拠に一番すごいと思ったかを共有しました。それをXチャートで整理していきました。その上で、Xチャートを見て、子どもたちが気づいたことを伝え合う時間をとりました（協働的な学び）。（下は8時目の板書）

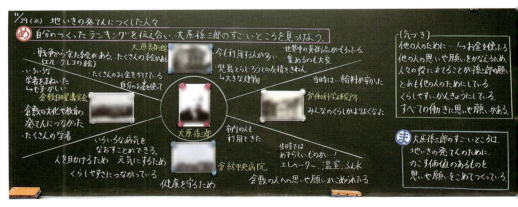

主な発問
・Xチャートを見て、どんなことに気づきましたか？
・大原孫三郎のすごいところってどんなところかな？

6章

番外編！
いろいろな場面で
使える板書術

4教科以外でも板書は工夫できる!! 図工・音楽・道徳でも

さまざまな場面で板書は工夫できる

　前章までは国語科・算数科・理科・社会科での板書を紹介してきましたが、図画工作科や音楽科、道徳科など、ほかの教科でも板書を工夫することはできます。結局のところ、どういうときにどのような形で板書するとより効果的かを考えることが重要ということです。

＊３年生図画工作科「くぎうちトントン」（循環型）

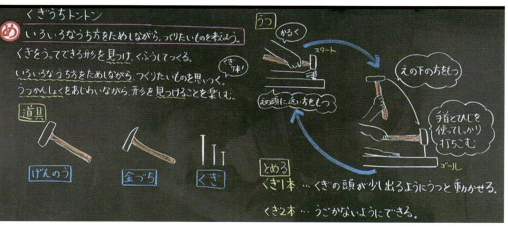

　図工の「くぎうちトントン」では、どのように釘を打っていくかを説明する場面で循環型を使いました。この授業は１時間目だったので、前日の放課後から図工室の黒板に書いておきました。

＊3年生音楽科「アルルの女　第1組曲より『かね』」（ベン図型）

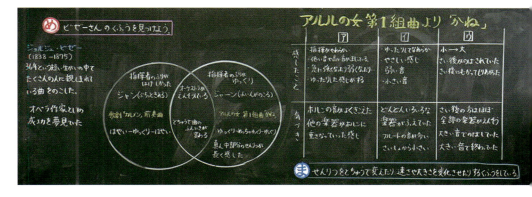

　音楽の鑑賞の授業では、同じ作曲家ビゼーが作った曲を聴き比べるという活動をし、ベン図で比較しました。

＊4年生道徳科「全校遠足とカワセミ」（Xチャート型）

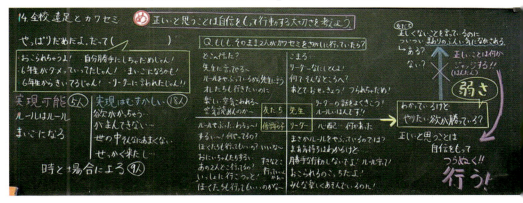

　道徳の「全校遠足とカワセミ」では、友達、先生、リーダー、低学年の子、それぞれの立場に立ち、主人公がもしもこのままカワセミを探しに行っていたとしたらどう思われたかを多面的に考えました。その子どもたちの意見をXチャートで整理していきました。

教科以外でも板書は工夫できる!!

板書の効果的な工夫は教科以外でも

　教科だけではありません。行事のふりかえりや委員会、会議でも、板書を工夫することはできます。

＊運動会練習でのふりかえり（対比型）

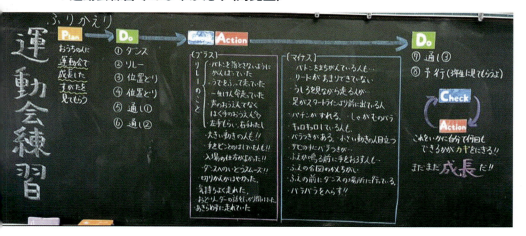

　運動会練習で、「できているところ」と「がんばらないといけないところ」を明確にする場面で対比型の板書を使いました。子どもたちにとって、何を改善すべきかが明確になる時間となりました。

＊委員会活動でのふりかえり（Yチャート型）

　委員会活動のふりかえりでYチャートを活用しました。「ふりかえりましょう！」ではなくて、視点を与えてふりかえる時間をもつということも大事だと考えています。

　当番と話し合い、どのくらい自分はがんばったかを発表

してもらい、それをもとに2学期がんばることを決めてもらいました。

＊4年生夏休み研究でのふりかえり（Yチャート型）

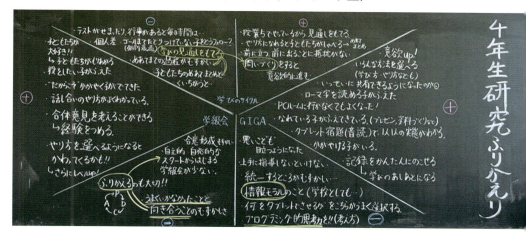

　これは、4年団で夏休みに研究のふりかえりをしたときの黒板です。それぞれの視点について、今できていること（＋）、まだまだなところ（－）で整理しました。

第 6 章　番外編！　いろいろな場面で使える板書術　113

「朝の黒板メッセージ」で何を伝えるか？

今日もがんばろうという思いになれる文を書く

　「朝の黒板メッセージ」とは私の学級経営の主軸の1つで、教師になって4年目から、ほぼ毎日書き続けています。

　朝の黒板メッセージは、子どもたちが朝一番に目にするもの。読んで「今日もがんばろう！」という思いになれるような文を書くようにしています。読んでどんよりと気持ちが沈むことは書きません。

朝の黒板メッセージを書くタイミング

　朝の黒板メッセージは、会議や研修、出張がないときは、基本的に子どもたちが下校した直後に、その日1日のことをふりかえりながら書いています。「今日やり残したことは、明日がんばらせたいこと。今日伝え残したことは、明日伝えたいこと」という思いで、黒板メッセージを書いています。

黒板アートではなく、メッセージを書きたい!

　基本的には、月曜日から木曜日までの黒板メッセージは文字のみ、金曜日はイラスト・音楽の歌詞・来週への布石のようなメッセージを続けています。行事や大事にしたい日は、金曜日でなくてもイラストを描くことがあります。

　初期の頃は、ずっと文字のみの黒板メッセージでした。6年目の子どもたちを担任している頃、コロナ禍の影響でいろいろなことが中止・延期になっていく中で、少しでも子どもたちが喜んでくれることをしたいと思い、1週間に一度イラストを描くことをはじめました。

　黒板に描くイラストは、「自分の好きなキャラクターを」「子どもたちが好きなキャラクターを」ではありません。結果的に、そのようになるときもありますが、基本的にはその日の黒板メッセージの内容や紹介している音楽に関係のあるものにしています。

　黒板アートがしたいのではなく、あくまでも、黒板メッセージを書きたいのです。あくまでもこだわりたいのは"言葉"です。"何を伝えたいか"です。

子どもたちを想って書く！
朝の黒板メッセージ

子どもたちの心に届けたい

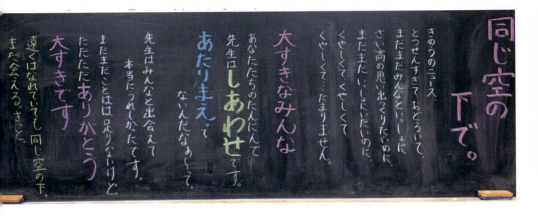

　2020年2月27日19時30分に書いた黒板メッセージです。忘れもしません。この黒板メッセージを書く1時間ほど前に、突然の「全国一斉休校」の方針がニュース速報で入ってきました。私の学校では、本当は翌日最後の参観日が行われる予定でした。

　ですが、急遽中止に。先の予定もこれから決まるということで、転勤も決まっていた私は、「これで子どもたちに会えるのは、本当に明日が最後になるかもしれない」と思って書いた黒板メッセージです。

　結果的には、私の当時勤めていた学校はその後、登校日が2回あり、修了式も行われたので、この日が最後というわけではなかったですが、

特に言葉にこだわって黒板メッセージを書くようになったのはこの日からでした。このように、自分の中で、特に思い入れのある、印象に残っている黒板メッセージをいくつか紹介します。子どもたちを想って書く黒板メッセージは、きっと子どもたちの心に届くはずです。そう信じて、私はこれからも書き続けていきます。

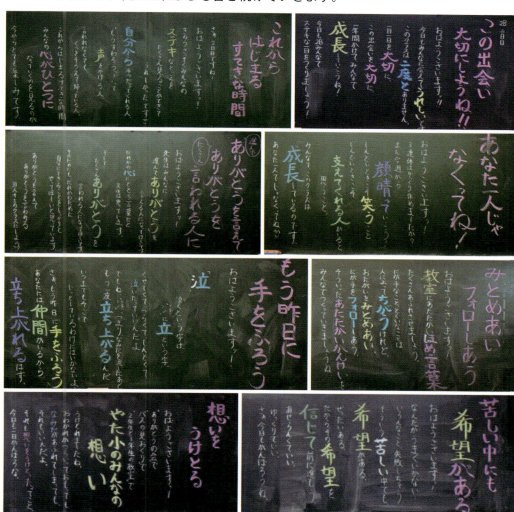

「朝の黒板メッセージ」でほめる！

朝の黒板メッセージでよいところを伝える

　朝の黒板メッセージで「ほめる」ということも大切にしています。教師になって８年目・９年目の最終日３日前の黒板メッセージでは、担任していた子どもたち全員のいいところを１人１行、全員、内容のちがうほめ言葉で書いて伝えました。

　「来年度も自信をもってがんばって！」とエールを送る思いと、新学期、新しく出会う友達のよいところを見つけようとする子どもたち

でいてほしいという思いから学年末にしていることです。

　子どもたちのよいところを見つける、そして、それを価値づけて、全力で教師がほめる、それを普段からすることで、子どもたちもまたお互いのよいところを見つけようとするはずです。

　9年目のときには、この黒板メッセージを書いた次の日、クラス全員のよいところを書いた「ありがとう仕掛けカード」を作ってきた子がいます。35人分の仕掛けカードを作るということだけでも時間がかかる大変な作業ですが、それに加え、一人ひとりのよいところとメッセージを添える……。とてもすごいことだなと感動しました。

第6章　番外編！　いろいろな場面で使える板書術　119

子どもとつくる「朝の黒板メッセージ」

🖍 子どもたちから「〜〜したい!」を引き出す

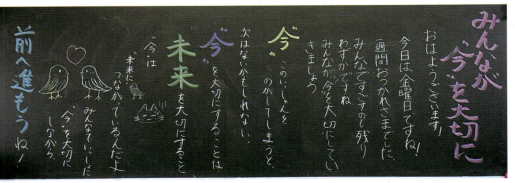

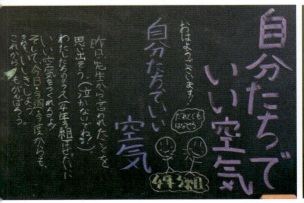

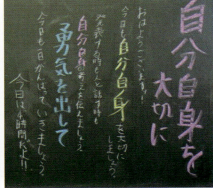

左上の1枚の朝の黒板メッセージは、子どもと私との合作で書いたものです。そして、下2枚の朝の黒板メッセージは子どもたちだけで書いたものです。毎回ではないですが、1年間で何度かこのように子どもたちが黒板メッセージを書くときがあります。あるとき、子どもたちが「自分たちも黒板に書きたい！」と言ってくれたので、そのまま任せてみたところからはじまりました。子どもたちから「書きたい！」を引き出せたことに、心の中でガッツポーズでした。

　黒板メッセージには「〜〜でなければならない」というのはありません。また、「〜〜を書かないといけない」というきまりもありません。

　それでも、タイトルをピンクチョークで大きめに書いている、大事な言葉は色を変えている、できあがったものが担任の普段書く黒板メッセージとよく似ているというのは、子どもたちが普段からしっかりと読んでくれているからこそだと思います。

　できあがった黒板メッセージを読んでいると、プラスのメッセージであふれていました。子どもたちが毎日読み続けている黒板メッセージ。思いが伝わっていてうれしいなと感じた瞬間でした。

　つまり、子どもたちは「いいな」と思うことは「やりたくなる」のだと思います。

　前章までに、私が実際行った授業での板書を紹介してきました。子どもたちがその板書を見て、「いいな」と感じれば、同じように「使いたくなる」のだと思います。

　教師の役割の1つは、子どもたちのやる気スイッチを入れること。自分の持っている武器・強みを使って、仕掛け、子どもたちの「〜〜したい！」を引き出していくことが大事なのだと考えています。

第6章　番外編！　いろいろな場面で使える板書術　121

安心感のある教室をつくる

私の教育観

　突然ですが……、「どんな教室にしていきたいですか？」「どんな子どもたちを育てたいと思っていますか？」という質問を教員人生の中で問われたことはありませんか？　私は何度かあります。そのたびに、私はいつも次のように答えています。

Q　どんな教室にしていきたいですか？
A　子どもたちにとって、安心感のある教室をつくる。
Q　どんな子どもたちを育てたいと思っていますか？
A　人を想う心をもった子どもたち

　これが私の教育観であり、何かあったら、いつもそこに立ち返るようにしています。

　ここまでさまざまな板書の型を紹介してきました。この本を読む中で感じられた方もいるかもしれませんが、私は「板書」や「発問・活動内容」の工夫が、子どもたちにやる気スイッチを入れること、自立した学習者を育てることにつながると信じています。そこに必要な最後のピースをみなさんにお伝えします。それ

は「**安心感のある教室**」が土台になくてはならないということです。

　安心感のない教室では、いくら、教師が板書を工夫しても、本当の意味で効果を発揮しません。失敗を恐れ、周りの友達の目が気になり、子どもたちが生き生きと発表することがなくなって、自分の考えを伝え合うよい関係性も生まれないからです。ペアトークも、自由対話も成立しにくいです。

　「**失敗しても大丈夫なんだ**」「**みんながフォローしてくれる！**」「**自分の考えを伝えてもいいんだ！**」「**自分の考えも前の黒板に残してもらえている。**」という安心感を子どもたちがもっておけるようにすることが大事です。

　朝の黒板メッセージも「**安心感のある教室**」をつくるためにやっていることの１つです。それだけでなく、「あいさつタイム」「音楽タイム」「for you ふせん」「ホワイトボードメッセージ」、尊敬する菊池省三先生のご実践である「価値語」「成長ノート」「ほめ言葉のシャワー」「質問タイム」などを私のクラスでやっているのは、すべて、「**安心感のある教室**」をつくるためです。この本を読んでくださっているみなさんも、「安心感のある教室」をつくるために、できることはたくさんあるはずです。

　各教科での板書の工夫も、子どもたちに安心感をもたせることにつながっています。板書の工夫は、「わからない」という不安を、少しでも「なんとなくだけどわかるかも！」という安心に変えることができる力をもっているのではないかと私は強く信じています。

人を想う心で友だちのことをとても大切にする
テンションはコントロールできるようになった ムードメーカーの
人の思いに気づき 相手軸に立って接する 先生の左うで
体育ならなにをやってもすごすぎ 休み月の時間のヒーロー
ハキハキとした声 堂々とした態度 自信がついた証拠だ
みんなのことをよく見てみんなをよろこばせるクラスの天才
あなたに仕事をまかせてよかった！と思えるほど責任感のある
ひらめき 気づきで授業をもりあげる力をもった
いつもいろんなことに果敢みながら笑顔で取り組める
さわやかなあいさつと元気いっぱいの声はだれにも負けない
笑顔がいいね 自分のペースを大切にしてやるべきことをやりとげる
あなたの笑顔はたくさんの周りの人をしあわせにする力があるよ
気づく力 まわりを見る力で自分にできることを見つけろ
やる気スイッチの入ったときの本気モードはみんながビックリ
チャレンジしよう！と決めたら最後までがんばれる
みんなを担任できてしあわせな一年間でした。

あなたたちの担任 平垣 聖太

おわりに

　「この出会いを大切にしようね」

　これは、私が教師になって1年目のときから毎年必ず子どもたちに伝えてきている言葉です。本書で、まずは「変えたい！」と決意することが最初のステップだと書きました。もう1つ、「出会いを大切にすること」も大事だと私は考えています。

　これまで出会った教え子の子どもたち、担任はしていないけれど、関わってきた子どもたち、また、その保護者の方との出会いを私は大切にしてきています。出会った子どもたちとの関係性がよくないと、いくらいい指導法を知っていても、子どもたちと一緒に授業をつくっていくことは難しいです。

　また、先生たちとの出会いも大切にすることです。初任のときに、学年主任として私を育ててくださった尊敬する関先生。今の私があるのは、関先生と出会えたからだと言っても過言ではありません。

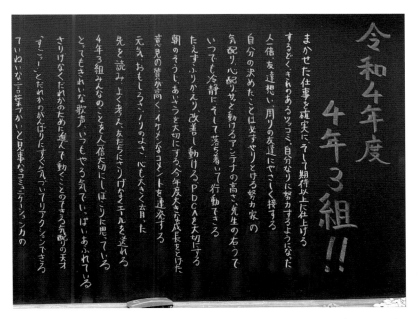

　私が「板書を変えたい！」「授業を変えたい！」と思ったことも樋口綾香先生と出会ったからでした。樋口万太郎先生、菊池省三先生、沼田拓弥先生、宗實直樹先生……名前を挙げだすと「おわりに」がとんでもないページ数になりそうなので割愛しますが、全国のたくさんのすてきな先生方に出会ってきました。

　板書で、授業で悩んだときに、校内にいる先生たちに授業を見せてもらう、知り合いの先生に相談してみる。それが気軽にできる関係性になるためにも、先生たちとの出会いを大切にしたいところです。

　最後になりましたが、本書を書くきっかけをくださり、温かい言葉やアドバイスをたくさんしてくださった樋口万太郎先生、また、いつも丁寧な連絡をくださり、出版にいたるまでたくさんお力添えをいただきました学陽書房の山本聡子氏には大変お世話になりました。この場を借りて心よりお礼申し上げます。ありがとうございました。

平垣　聖大

引用文献一覧

P15「電流のはたらき」『新編　新しい理科４年』P 40～42 より引用、東京書籍

P17「小数のかけ算やわり算」『わくわく算数４下』P45 より引用、新興出版啓
　林館

P21「ごんぎつね」新美南吉『国語　四下　はばたき』P30 より引用、光村図書

P36「ごんぎつね」新美南吉『国語　四下　はばたき』P30 より引用、光村図書

P37「世界一美しいぼくの村」小林豊『新編　新しい国語４年』P122 より引用、
　東京書籍

P38「世界一美しいぼくの村」小林豊『新編　新しい国語４年』P121 より引用、
　東京書籍

P40「銀色の裏地」石井睦美『国語　五　銀河』P28、P31 より引用、光村図書

カバー、P42「友情のかべ新聞」はやみね　かおる『国語　四下　はばたき』P67、
　P77 より引用、光村図書

P46「未来につなぐ工芸品」大牧圭吾『国語　四下　はばたき』P49、P52～53
　より引用、光村図書

P47・49「ロボット」佐藤知正『国語　二下　赤とんぼ』P88、P92～93 より引用、
　光村図書

P50「世界一美しいぼくの村」小林　豊『新編　新しい国語４年』P113、P119、
　P121 より引用、東京書籍

P52「銀色の裏地」石井睦美『国語　五　銀河』P27～28 より引用、光村図書

P53「スワンレイクのほとりで」小手鞠るい『国語　四下　はばたき』P131、
　P132～136 より引用、光村図書

P54「友情のかべ新聞」はやみねかおる『国語　四下　はばたき』P69 より引用、
　光村図書

P56「銀色の裏地」石井睦美『国語　五　銀河』P26～P29、P33～35 より引用、
　光村図書

P57「スワンレイクのほとりで」小手鞠るい『国語　四下　はばたき』P126、
　P134、P139 より引用、光村図書

P57「風船でうちゅうへ」岩谷圭介『国語　四下　はばたき』P101 より引用、光
　村図書

P62「２けたでわるわり算の筆算」『わくわく算数４上』P102～103 より引用、
　新興出版啓林館

P64「面積」『わくわく算数4下』P11より引用、新興出版啓林館

P66「分数」『わくわく算数4下』P75より引用、新興出版啓林館

P67「直方体と立方体」『わくわく算数4下』P101～102より引用、新興出版啓林館

P69「分数」『わくわく算数4下』P76より引用、新興出版啓林館

P70「2けたでわるわり算の筆算」『わくわく算数4上』P114より引用、新興出版啓林館

P71「式と計算の順じょ」『わくわく算数4上』P119より引用、新興出版啓林館

P71「3つのかずのけいさん」『わくわく算数1下』P56より引用、新興出版啓林館

P72「式と計算の順じょ」『わくわく算数4下』P 124～125より引用、新興出版啓林館

P73「割合」『わくわく算数4上』P134より引用、新興出版啓林館

カバー、P75「小数」『わくわく算数3下』P78より引用、新興出版啓林館

P79「とじこめた空気と水」『新編 新しい理科4年』P112、P114より引用、東京書籍

P80「雨水のゆくえと地面のようす」『新編 新しい理科4年』P57～58より引用、東京書籍

P81「物の体積と温度」『新編 新しい理科4年』P192～193より引用、東京書籍

P82「物の体積と温度」『新編 新しい理科4年』P122～123、P125～126より引用、東京書籍

P85「寒くなると」『新編 新しい理科4年』P156より引用、東京書籍

P85「月や星の見え方」『新編 新しい理科4年』P 85より引用、東京書籍

P86「こん虫を調べよう」『新編 新しい理科3年』P 42より引用、東京書籍

P88「物のあたたまり方」『新編 新しい理科4年』P136、P138より引用、東京書籍

P89「物の体積と温度」『新編 新しい理科4年』P127、P130より引用、東京書籍

P99「ごみの処理と活用」『小学社会4年』P 42～43より引用、日本文教出版

P101「天皇を中心とした政治」『小学社会6年』P84～87より引用、日本文教出版

P105「自然災害から命を守る」『小学社会4年』P 94～99より引用、日本文教出版

著者紹介

平垣 聖大 （ひらがき まさひろ）

1993年岡山県生まれ。岡山県公立小学校教諭。玉野市GIGAスクール推進リーダー。菊池道場岡山支部副支部長。「黒板メッセージ×ホワイトボードメッセージ〜「書く」を核にして つなげる・つながる」『今の教室を創る 菊池道場機関誌「白熱する教室」第29号』（中村堂）ほか雑誌への執筆や、Instagramでは「こんこ」というアカウント（フォロワー1.7万）で板書の写真を中心に紹介するなど、若い教師たちの板書力アップに役立つ情報発信に力を入れている。

監修者紹介

樋口 万太郎 （ひぐち まんたろう）

1983年大阪府生まれ。大阪府公立小学校、大阪教育大学附属池田小学校、京都教育大学附属桃山小学校、香里ヌヴェール学院小学校勤務を経て、中部大学現代教育学部現代教育学科准教授。主な著書に『子どもの問いからはじまる授業！』『仲よくなれる！ 授業がもりあがる！ 密にならないクラスあそび120』（以上、学陽書房）ほか多数。

見るだけでレベルアップ！ こんこ先生の
「型」でつかむ板書術

2024年12月4日　初版発行

著　者	平垣聖大
監修者	樋口万太郎
発行者	佐久間重嘉
発行所	学 陽 書 房

〒102-0072　東京都千代田区飯田橋1-9-3
編集部　　　 TEL 03-3261-1112
営業部　　　 TEL 03-3261-1111／FAX 03-5211-3300
　　　　　　 https://www.gakuyo.co.jp/

ブックデザイン／能勢明日香
本文DTP制作・印刷／精文堂印刷　製本／東京美術紙工

©Masahiro Hiragaki 2024, Printed in Japan.
ISBN 978-4-313-65523-2 C0037
乱丁・落丁本は、送料小社負担でお取り替えいたします。
定価はカバーに表示してあります。

JCOPY〈出版者著作権管理機構 委託出版物〉
本書の無断複製は著作権法上での例外を除き禁じられています。複製される場合は、そのつど事前に出版者著作権管理機構（電話03-5244-5088、FAX 03-5244-5089、e-mail: info@jcopy.or.jp）の許諾を得てください。